新時代の保育2

認定こども園における保育形態と保育の質

高橋健介／請川滋大／相馬靖明［編著］
中田幸子／中山昌樹／木村　創［著］

■目次

ななみブックレット　No.5

はじめに

２０１５年４月より、子ども・子育て支援新制度が施行され、「新時代の保育」として、現代社会の保育ニーズに応えるべく、多様な取り組みがみられるようになってきました。新制度の取り組みとして注目すべきことは、「保育の量」を確保するとともに、「保育の質」の向上が強く求められていることです。「保育の質」の向上にあたり、その柱の一つとなるのが改めて制度化された幼保連携型認定こども園です。幼保連携型認定こども園は、地域の多様な保育ニーズに応えながらも、「保育の質」の向上に寄与することのできる、まさに「新時代の保育」を牽引する施設になっていくことが期待されています。新制度のもと、幼保連携型認定こども園に移行したことで、保育者が補充され、例えば研修の機会を増やすことができた、記録や計画の時間を以前より確保できたなど、「保育の質」の向上につながる取り組みもみられるようになってきました。

その一方で、幼稚園から移行した認定こども園のなかには、主に2号認定の子どもが利用する午後2時以降の保育のカリキュラムが充分に作成されず、預かりといった機能が中心となっていることが考えられます。認定こども園において、特に2号認定の子どもに対しては、午後2時以降の保育も子どもの育ちや学びの場として大事な部分を構成しており、その時間の保育が預かりの機能が中心では、認定こども園全体の「保育の質」としては不十分なことが考えられます。

また、保育所から移行した認定こども園のなかには、「教育課程に係る教育時間」のカリキュラムに位置づけられた活動が、1号認定の子どもの降園後にも継続しておこなわれていることが考えられます。1号認定の子どもと2号認定の子どもでは、在園時間が違うということで、認定こども園のなかでの経験内容が違ってくることは考えられます。しかしながら、コアなカリキュラムのもとで展開される活動の経験内容に顕著な差が出てしまうのでは、多様な保育ニーズに応えるといった意味においては不十分なことが考えられます。

このような認定こども園（主に3、4、5歳児保育）の課題に対して考えていかなければならないことは何でしょうか。認定こども園では、その生活全体を網羅したカリキュラムである「全体的な計画」に基づいて、1号認定と2号認定の子どもが共通に利用する午後2時頃までの「教育課程に係る教育時間」の保育と、主に2号認定の子どもが利用する午後2時以降の保育（以降、「午後の保育」）とで、子どもの生活リズムに即して別々のねらいやカリキュラムを立てることが必要ということです。その上で、この二つのカリキュラムがなんらかのかたちで接続されていることを考慮しなければならないのです。

認定こども園の3、4、5歳児保育においては、「教育課程に係る教育時間」と「午後の保育」それぞれにカリキュラムが必要なのは、まずは、利用する対象の子どもが共通ではないということが前提にあります。それとともに大事なことは、カリキュラムがそれぞれに確立されていることで、それらのカリキュラムを担う保育者もそれぞれに配置されることが考えられます。そのことによって、保育者は担当するカリキュラム外の勤務時間において、子どもから離れる時間をもちやすくなります。その結果、保育者は、記録、省察、指導計画、教材の作成、環境構成などのカリキュラム・マネジメントやカンファレンスに多くの時間を充てることができ、「保育の質」

の向上につながっていくことが考えられるのです。

その一方で、認定こども園では、「教育課程に係る教育時間」から「午後の保育」へと、朝から夕方まで園で生活する子どもも多くいます。よって、認定こども園全体の生活としては、それぞれの育ちや状態に応じながら、この子どもたちが長時間の園生活を安定して過ごせる環境を整えなければなりません。そのためには「教育課程に係る教育時間」と「午後の保育」のカリキュラムや保育形態をなんらかのかたちで接続する必要があるのです。つまり、認定こども園において、多様な保育ニーズに応えながら、「保育の質」の向上を図っていくためには、保育内容や保育方法を改善していくばかりではなく、その前提となる生活全体を見通した保育形態および保育者の勤務形態を、これまでの幼稚園や保育所の枠組みを越えて見直していくことが必要なのです。

２０１７年３月に告示された幼保連携型認定こども園教育・保育要領の「特に配慮すべき事項」においても「園児の一日の生活の連続性及びリズムの多様性に配慮するとともに、保護者の生活形態を反映した園児の在園時間の長短、入園時期や登園日数の違いを踏まえ、園児一人一人の状況に応じ、教育及び保育の内容やその展開について工夫をすること」と明記されているように子どもや保護者の多様性に配慮することが認定こども園の取り組みとして求められているのです。

そこで本ブックレットでは、認定こども園として、「保育の質」の向上に取り組んでいる「認定こども園あかみ幼稚園（佐野市）」「認定向山こども園（仙台市）」の保育形態や勤務形態を紹介するとともに、現代の多様な保育ニーズに応える認定こども園のあり方や「保育の質」向上の基盤となる保育形態や保育者の勤務形態について検討していきたいと思います。

❶ 多様性を受け入れる認定こども園

認定こども園には、保育経験（入園の時期）、降園の時間（在園時間）、長期休業の有無（登園日数）、保護者の就労状況など、多様な背景をもつ子どもが在園しています。これまでの就学前施設は、主に保護者の就労状況によって、子どもが通う施設は幼稚園と保育所に分けられていました。在園時間、長期休業の有無、保護者の就労状況など、これらがなるべく同質であることで、幼稚園、保育所は、機能的にそれぞれの保育をおこなえると考えられていたのです。

しかしながら、これからの時代は、近年注目されているダイバーシティといった言葉にみられるように、多様性を受け入れ、むしろ多様性があるからこそそれぞれの自己が活かされる社会に転換していくことが求められています。認定こども園においても、多様な背景をもつ子どもや保護者が集う施設だからこそ、多様性による課題を乗り越え、子どもや保護者それぞれの良さが活かされるよう転換していくことが必要なのです。つまり、多様な保育ニーズに応える認定こども園は、ダイバーシティを体現する就学前施設として大きな可能性を有しているのです。

● 園生活の基盤となるクラスの安定した人間関係

認定こども園として、多様性を受け入れ、それが能動的に機能していくための保育形態やその取り組みについて、具体的な事柄を通してみていくことにします。

認定こども園の3、4、5歳児クラスの「教育課程に係る教育時間」では、在園時間や登園日数の違う1号認定と2号認定の子どもが一緒に生活することになります。このような多様な背景をもつ子どもたちの集団生活においても、お互いを認め合い、それぞれの主体性が発揮されるためには、まずは保育者と子ども、そして子ども同士のかかわり合いから、園生活の基盤となるクラスの安定した人間関係を築いていくことが大切です。

そのためにも、降園時間の違いがあってもクラスのみんなで集う時間を設けることの意味は大きいのです。よって、幼稚園や保育所が移行するにあたって「帰りの会」は、その名称、時間、内容を工夫し、設定し直す必要があります。実際の集まりの場では、子どもがそれぞれの経験や思いを話し、聞き合える機会をもつことが大切です。まずは保育者が子どもの話を丁寧に聞き取り、それに応答することで、クラスのなかで安心して自己を表現することにつながっていきます。また、他の子どもの話を聞き、刺激を受け、お互いを理解することで、遊びのなかでも子ども同士のかかわり合いが活発になっていくのです。

●入園時期の違う子どもへの対応

認定こども園の3歳児クラスでは、4月より、1号認定の子どもが新たに園生活をスタートさせることになります。2号認定の子どもは、2歳児クラスより引き続いての園生活になりますが、1号認定の多くの子どもにとっては、保護者から離れた初めての集団生活です。つまり、入園時期の違う子どもたちが一緒に過ごす、クラスでの生活が始まるのです。よって、4月当初の3歳児クラスでは、保育経験の違う子どもに特に配慮しなければなりません。

まずは、子どもにとって園が安心できる場になっていけるよう、保育者は不安を感じている子の思いを丁寧に受けとめることが大切です。集まりの場面では、みんなで楽しめる手遊びを取り入れることも集団生活に馴染んでいくプロセスとしては効果的です。保育者の手遊びを見て真似、そして身体の動きが保育者や他の子どもと合ってくる、このような同調的な心地よさや楽しさの共有が保育経験の違う子どもたちがかかわり合う基盤となるのです。また、遊びの場面では、砂場やままごとコーナーなどで場を共有しながら、モノとかかわることにも大きな意味があります。子ども同士がお互いを見合い、例えば、スコップで砂山をつくる、料理をつくるふりをするなど、同じような遊びをしていくことで同調的な関係が築かれていくのです。このような関係をベースに、徐々に仲間と遊びのイメージや目的を共有し、協同的な遊びにつながっていくのです。

2歳児クラスから進級してきた2号認定の子どもにとっても、園生活に不慣れな1号認定の子どもと一緒に生活することの意味はあります。園生活に慣れた2号認定の子どもが自立して生活し、自ら環境にかかわって遊ぶ姿は、1号認定の子どもにとって関心をもって注視する対象となります。このように生活や遊びのモデルもしくは牽引役となり、それを自覚していくことで、2号認定の子どもの育ちが促される機会にもなっていくのです。

●「午後の保育」での子どもへの対応

認定こども園では、1号認定の子どもの降園後（午後2時頃以降）に、2号認定の子どもは「午後の保育」（各園でそれぞれに名称をつけている）のクラスで過ごすことになります。「教育課程に係る教育時間」後の長時間の生活ですから、子ども一人ひとりのペースに応じて、ゆったりと過ごせる環境や内容が望まれます。例えば、遊びの環境としては、一人や少人数の仲間とじっくりと取り組めるブロックやカードゲームなどが考えられます。また、午睡や休息を必要とする子どもが充分な睡眠や休息がとれるような場を確保することも必要です。

「教育課程に係る教育時間」では同学年の子どもと過ごす機会が多いのですが、「午後の保育」は異年齢のクラスを編成する園が多いのが実態です。年齢の低い子どもにとっては、年長の子どもの生活や遊びの姿をすぐ近くで見て、学ぶことのできる機会になります。同年齢の子どもとの遊びにはない高度な鬼ごっこやボール遊びにも周辺で参加しながら学ぶ機会になっているのです。「午後の保育」の経験から学んだことを、「教育課程に係る教育時間」の同年齢のクラスでの遊びに年少児なりに取り入れる姿もみられます。このような認定こども園の「教育課程に係る教育時間」と「午後の保育」との保育形態の違いは、遊び文化や生活文化の伝承（学習）を、異年齢の子どもたちの交流を通して活性化させる可能性を有しているのです。

その一方で、「午後の保育」での異年齢の生活は、とかく5歳児が3歳児の世話をする、生活のお手本になるなど、年長者としての役割を期待されることが多くなりがちです。もちろんこのような場面で、普段より少し頑張る5歳児の姿は大事な経験につながることが考えられます。しかし、5歳児とは言え、長時間の園生活のなかでは、時には保育者に受けとめてもらいたい、甘えたいといった感情ももち合わせています。年齢の低い子どもとの生活ですから、表立っては保育者に甘えられず、我慢していることもあるのです。年長者としての5歳児に期待しながらも、丁寧にそれぞれの思いを受けとめる対応も必要なのです。

●長期休業の有無による子どもや保護者への対応

認定こども園の3、4、5歳児クラスでは、1号認定の子どもは夏休みや春休みといった長期休業日があります。その間、2号認定の子どもたちは、前の項で述べた「午後の保育」のクラスなどで過ごすことになります。よって、1号認定と2号認定の子どもとでは、1号認定の子どもの長期休業中は、それぞれの経験内容が違ってくることになります。

長期休業を終えた1号認定の子どものなかには、久しぶりの園生活、特に仲間とのかかわりに戸惑う子どももいるので、丁寧に見守っていくことが必要です。また、長期休業中の経験を子どもや保護者から聞き、その経験が活かされるような遊びや活動に導くことも考えられます。1号認定の保護者のなかには、園生活にスムーズに戻れるのか心配する方もいます。そのような保護者の気持ちを察し、この時期は園での遊びや生活の様子を丁寧に伝えることが大切です。保護者が、長期休業での経験と園での生活や遊びが結びついていることを実感できることも必要になってきます。

2号認定の子どもは、1号認定の子どもの長期休業中は、異年齢で生活する機会が多くなります。ゆったりとした生活のなかで、普段の同年齢のクラスとは違った経験をすることができます。例えば、3歳児クラスでは経験していないこと（給食の準備、動植物の世話など）を年長の子どもと一緒におこなうこともあります。また、小中学生や地域の方々との交流などもこの時期にできる経験です。普段の生活とは違った経験だからこそ、子どもたちには学ぶことが多くあるのです。そこでの経験や学びが、長期休業後の1号認定の子どもが戻ってきたクラスのなかでも発揮され、お互いを刺激し合い、「教育課程に係る教育時間」での生活や遊びの充実につながっていくことが考えられます。

● 多様な背景をもつ保護者との協働

認定こども園の保護者は、就労状況が多様なこともあり、行事などに向けた協力活動も同じ時間に集まっておこなうのは難しい現状があります。このような状況においても、保育者と保護者が協働して、園行事を工夫して一緒につくりあげていく取り組みもみられるようになってきました。そのためにも、保護者それぞれの立場に配慮し、多くの保護者がなんらかのかたちで協力、参加できるような試みが求められています。

ある認定こども園では、園行事の準備作業に消極的であった保護者が、作業に参加するにしたがって、その活動を楽しめるようになったとのことです。保育者と保護者との協働作業によって、他の保護者とのコミュニケーションが深まり、子どもの園生活を支える役割に喜びを感じられるようになったのです。ただし、ここに至るプロセスに保育者の支援は欠かせません。保護者の心情に寄り添いながら、保育者も一緒に作業に参加することで、保護者もその一歩を踏み出せたのです。もちろん、どの保護者も同じように協働できるとは限りません。保護者それぞれに合った協働のかたちをコーディネイトする保育者の役割は大きくなっています。

例えば、ある保護者には平日に園に来て、必要な備品の整備に協力していただくことがあります。また、ある保護者には家庭での時間をやり繰りして、チラシづくりに協力していただくことがあります。それぞれが別々の時間、場所であっても、子どもの園生活が豊かなものになっていけるよう園と連携し、協力しているのです。ただし、保護者それぞれの取り組みを見えるかたちにしなければ、保護者間の理解はすすみません。そこで、コミュニケーションツールとしてのWebなどを有効に活用することも考えられます。保護者それぞれの立場や参加の仕方が違っていても、お互いを理解し合い、尊重し合えるような保育者と保護者、そして保護者同士の関係づくりが必要になってきています。

保護者支援においては、在園時間の短い1号認定の保護者には、家庭や地域での保護者との経験も、子どもの成長に意味があることを伝えていきます。保護者が家庭での育児を肯定的に考えられるよう、時にはその経験を聴くことで受けとめることも必要です。その一方で、家庭や地域での経験が少ない2号認定や3号認定の保護者も不安を感じることがあります。その場合には、限られた時間のなかでも保護者と過ごす時間が大切であることを伝えるとともに、認定こども園での長時間の生活においても、多様な経験を積み重ねていることを伝えることが必要です。

忙しい保護者に園での生活を伝える手段として、写真を用いたドキュメンテーション（保育記録）を掲示したり、写真をクラスだよりに活用したりするのも有効です。実際の場面を映し出す写真があることで、それを介した対話が起こりやすく、保護者とのコミュニケーションも深まっていくことが考えられます。

2 認定こども園あかみ幼稚園における「保育の質」向上の取り組み

２０１５年度より、子ども・子育て支援新制度が施行され、認定こども園の必要性がさらに高まってきています。認定こども園あかみ幼稚園では、園の「全体的な計画」に基づきながら、午後２時までの「教育課程に係る教育時間」における学齢別保育、午後２時以降の「午後の保育」における異年齢保育それぞれにカリキュラムを位置づけ、その上で連携を図り、「保育の質」の向上に取り組んでいます。そこで本章では、認定こども園あかみ幼稚園における「教育課程に係る教育時間」、「午後の保育」それぞれの特性を活かした保育と連携について考えたいと思います。

● 園の概要

認定こども園あかみ幼稚園は、栃木県南部の佐野市（人口約12万人弱）の郊外（市街地から車で15分程度）にあり、佐野市の運動公園に隣接する自然豊かな文教地区に位置しています。恵まれた周囲の環境に加え、園内環境は敷地面積約１万７０００㎡、ビオトープや風力発電、プラネタリウムなどの施設や、穴窯、２５０年前の古建築など、文化と触れあうこ

とができる施設もあります。また、動物（ヤギ、うさぎ、ちゃぼ、アヒル）を飼育したり、田畑で米や野菜を育てたりすることのできる豊かな自然環境もあります。

園児は、佐野市全域および近隣の足利市、栃木市、館林市など、広範囲から通園しています。園児数は３３１人、職員数は74人です（２０１７年4月1日現在）。学校法人立の幼稚園から、２００７年に幼稚園型認定こども園、２０１０年には幼保連携型認定こども園となりました。

● 保育理念および保育形態

認定こども園あかみ幼稚園では、『私たちは訪れるすべての人に、〝遊び保育〟〝保護者と共に喜びあえる関係性〟〝職員のチーム力〟〝合意の形成〟を通じて、質の高い保育・教育を提供する21世紀型の保育施設です』という理念を掲げ、地域に開かれた保育施設を目指しています。

保育形態（3歳児クラス以上）は、遊びを核とした学齢別保育（1、2号認定の子どもたちが共に過ごす午後2時までの「教育課程に係る教育時間」）と、3、4、5歳児の異年齢保育（2号認定の午後2時以降の保育および1号認定の預かり保育）から成り立っています。本園では、午後2時以降の保育を「バンビーニ」と呼んでいます。午後2時までの学齢別保育が終わると、1号認定の子どもたちは、保護者による迎えか、園バスにて帰宅します。2号認定と1号認定の預かり保育の子どもたちは、「バンビーニ」のクラスに移動します。

●「教育課程に係る教育時間」における学齢別保育

❶ 保育形態

「教育課程に係る教育時間」の学齢別保育は、３歳児３クラス、４歳児３クラス、５歳児３クラスから成り立っています。４・５歳児の各クラスにはクラス担任が１人、各学年には学年主任が１人とサブフリー３〜４人の保育教諭が配置されています。３歳児においては、副担任を配置しています（その他サブフリーの配置有）。また、１年目の保育教諭には、メンター制（一般的には、上司とは別に指導・相談役となる先輩社員が新入社員をサポートする制度）を導入しています。あかみ幼稚園においてのメンター制は、経験のある保育者が担当するクラスで担任と共に保育をおこないながら、実践的なサポートをしたり、保育の相談をおこなったりしています。

❷ 保育で大切にしていること

Ⓐ 製作コーナーを中心として

各クラスの保育室の環境には、製作、ままごと、積木の三つのコーナーを常設しています。製作コーナーは、単にモノを作る場にとどまらず、作ったモノをままごとコーナーや積み木コーナーで使うなど、遊びを深めていくために必要なモノを作る拠点になっています。発達により異なりますが、年少児などは、偶然できたものを何かに見立てて遊びが始まったりします。年長児においては、目的をもって作り、その作ったモノを使って遊び、さらに遊びに必要なモノを作り、自ら遊びを深めていきます。その過程では、もっている知識や技能を使って製作に取り組み、遊びを発展させています。子どもたちはただ面白いから遊び、結果的に、工夫して考え、細かな作業をします。作ったモノを使い、仲間とのコミュニケーションを図り、時には意見をぶつけ合いながら遊びを展開し、幼児期に必要な学びをしていきます。身ぶりや言葉だけでは、イメージの共有は難しく、遊びは発展しにくいと考えています。作ったモノを介して遊ぶことで、他者とのイメージの共有が図られているのです。

よって、製作コーナーには子どもたちのイメージを形にしやすく、発達に応じ、またその時々の遊びがより発展するための多様な素材が必要となります。適切な素材を準備するためには、遊びをよく観察して記録し、そして子どもがその遊びの何を面白いと感じていたのか、また、その年齢やその時期の発達、個別の嗜好なども考慮しなくてはなりません。

Ⓑ 各学年のねらい

3歳児クラスは「自我の発見」です。自他の違いに気づきます。一人遊びをたくさんしてほしい時期ですが、友達と一緒が楽しいということを感じてほしい時期でもあります。そのことをたくさん経験することで、その後の成長の大きな基礎になってくるからです。例えば、友達とケンカをした時も、一緒に遊ぶ楽しさをたくさん経験してきた子どもたちは、仲直りをしたいと思うのです。そのことが5歳児のねらいである「合意の形成」にもつながると考えています。

4歳児クラスは「自己肯定感」です。少し頑張ればできるようなことに取り組み、できるようになることで、自分に自信がもてます。子どもが自らの目標を達成することで、次なる目標に向かったり、新たなことにもチャレンジするようになります。また、今までなかなか意見が言えなかったような相手に対しても、自分の意見が言えるようになっていきます。

5歳児クラスは「合意の形成」です。自分を大切にしながら、相手も大切にできるということです。相手に合わせ自分の意見を押し殺すのでもなく、自分の意見を押し通すのでもなく、それぞれが意見を言いながら、お互いが納得する方法を話し合っていくことです。大人でも難しいようなことですが、幼児でも環境構成や援助によりそのようなことがしっかり育ちます。お互いを大切に考えることができるためにも、3歳児クラスでの友達と一緒って楽しいという経験が非常に重要と考えています。

ⓒ 学年間のかかわり

学齢別保育では、各クラスの保育室でいくつかの遊びが展開されています。そのなかのお店屋さんごっこでは、お客さんを呼びに、他クラスや他学年に看板を持って宣伝に行く子どもの姿が日常的にみられます（園の文化となっています）。小さい学年が大きい学年のお店屋さん、お化け屋敷、ショーごっこなどのお客さんになることで、その遊びの仕方やモノづくりの仕方などを見て真似ながら学ぼうとします。また逆に、大きい学年が小さい学年に宣伝に行き、その際に大きい学年の子どもがお客さんになることも、時にはあります。

戸外で、大きい学年が迫力のある鬼遊びをしていると、それ

を小さい学年の子どもたちが憧れのまなざしで見ています。また、園内にかっぱの化身といわれている「かっぱ石」の話が伝承されています。その石の上には、キュウリがお供えされていることもあり、そのような話が小さい学年の子どもたちに自然に伝承されています。また、5歳児クラスが飼っている動物に小さい学年の子どもたちが餌をあげたりするなかで、動物へのかかわり方を、5歳児クラスの子どもたちから自然と教わる場面もあります。本園では、このような日常的な保育のなかで、他クラスや他学年とのかかわりがみられます。異年齢交流の時間として何かおこなうことも一つの方法かもしれませんが、このように生活や遊びのなかで自然な交流がおこなわれることは、とても大切だと思います。そこには憧れや思いやり、そして伝承がたくさんあるということだと思います。

● 午後の異年齢保育（バンビーニ）

午後2時以降の「バンビーニ」の保育は、午後2時までの学齢別保育を教育課程に位置づけているのに対して、ここは準教育課程として位置づけています。かつての地域の公園や空き地でみられたような異年齢集団による育ちや学びを重視しています。

❶ クラス編成と職員配置

Ⓐ 異年齢クラスとクラス担任制

「バンビーニ」では、2号認定と預かり保育の子どもたちを五つの異年齢クラスに編成し、各クラスに常勤の担任を配置しています。その他に、主任保育者、サブフリーを置き、「午後の保育」

として独立した体制を整えています。

クラス担任制にすることにより、クラス担任との安定かつ継続した関係のもと、午後2時以降の保育においても子どもたちが安心し安定して過ごすことができると考えています。1クラスは、20～25人程度のクラスです。クラスは、午後2時までの学齢別クラスをもとに編成しています。それは、学齢別保育と「バンビーニ」との特に子ども同士の関係性において、混乱が少なくて済むと考えたからです。

Ⓑ 学齢別保育と「バンビーニ」をつなぐ保育者の配置

午後2時までの学齢別保育との接続と連携は非常に重要と考えています。そこで、「バンビーニ」のクラス担任は、学齢別保育に各学年のサブフリーとして、午前10時頃よりかかわっています。また、午前、午後の保育を通して、サブフリーとしてかかわる保育者もいます。このように保育者を配置することで、午前の学齢別保育の様子を伝言のみではなく、午後の保育の子どもたちに、午前より引き続きかかわり、その様子を把握した上でケアすることができるのです。

❷「バンビーニ」の保育で大切にしていること

Ⓐ 遊びの伝承を重視した保育

「バンビーニ」の保育では、かつて地域にあった異年齢での遊びによる学びや育ちを重視しています。その遊びのなかには、年長児を憧れのまなざしで見る、真似てみる、仲間に入れてもらう、年少児の面倒をみる、時には「みそっかす」（鬼遊びの場合はオニ役にならないなど、一緒にいるが周辺で参加している立場）として参加するなど、あらゆる人間関係の学びがあります。また、学齢別保育でおこなわれている遊びが伝承される場にもなっています。例えば、5歳児が午前の保育で夢中になっていたリレーを、午後の「バンビーニ」でもおこなおうとします。4歳児がそこに入れてもらい、楽しい経験をします。すると翌日、4歳児は学齢別保育のクラスでもリレーごっこをしようとします。しかし、「バンビーニ」で5歳児としたリレーのように思うようにはいきません。そのような時は、学齢別保育の担任が子どもたちと相談し、グラウンドを回るリレーではなく、直線を行き来するようなタッチリレーに変えておこなったりします。

5歳児と一緒に楽しい経験をしながらも自分たちだけでは難しいことに気づき、5歳児への畏敬の念や憧れの気持ちを抱くことになります。このような憧れの気持ちは、子どもの成長に大きな意味をもつと考えます。そして、意欲をもって主体的に活動に取り組む原動力にもなると考えています。

Ⓑ 保育者がガキ大将を演じるような活動も取り入れて

学齢別保育は、「環境を通しておこなう教育、すなわち環境を構成することで子どもたちが能動的に活動できるように援助すること」を重視しているのに対して、「バンビーニ」の保育では、

時には「保育者がガキ大将を演じるような場面も必要」と考えています。かつての異年齢集団では、幼児から小学生までが入り混じっていました。そこでは、小さい子どもは大きい子どもと一緒に遊んだり、「みそっかす」として混ぜてもらったりしながら、ワクワクするような遊びをたくさんすることができました。「バンビーニ」では、保育者がガキ大将を演じるような役割を果たし、時には、積極的に遊びのモデルになり、子どもがワクワクするような新しい遊びを提案していきたいと考えています。今後は裏山での落とし穴づくりや木材を利用した遊び場づくりなども展開していきたいと考えています。

● 認定こども園として質の高い保育を目指すために

Ⓐ 保育記録および環境構成

前述のとおり本園では、午後2時までの学齢別保育の担任と午後2時以降の「バンビーニ」の担任をそれぞれ配置しています。そのことによって、学齢別保育の担任は、1号認定の子どもが降園し、遅いバスの保育担当や保育室掃除などの仕事の後に、翌日の環境構成をおこない、その後記録をとります。その保育記録は、午後3時半から午後4時の間を「記録の時間」と決め、学齢別の全担任が一斉にとります。さらに、担任が集中して記録をとることができるように、その間の電話や窓口対応は事務職員や学年主任がおこなっています。そのことで担任は、記録の途中で思考を妨げられることなく、その日の保育を振り返り、明日の日案を作成することができるのです。また、「バンビーニ」の担任は子どもたちが帰った後、記録をとり、明日の保育に備えていきます。

Ⓑ　主任会および学年会

学齢別保育担当の学年会は、担任が保育記録を作成した後に、短時間ですが毎日おこなっています。ここでは子どもたちの様子や連絡事項を伝え合っています。さらに、決まった曜日に、あらかじめ議題を決めて、学年会をおこなっています。また、週に1度の主任会では、各学年の保育の現況や課題、そして保育内容などが議題に上がります。各学年の主任が、それぞれの学年会をより良い会にしていくためにも主任会での話し合いは重要です。その他にも、月に1度、0～2歳児クラスの主任と3～5歳児クラスの主任、そして「バンビーニ」の主任とで全体主任会をおこない、情報の共有を図っています。

また、「バンビーニ」の職員は、毎日、「バンビーニ」の保育が始まる前に25分間、バンビーニ・ミーティングをバンビーニスタッフ（主任、担任、サブフリー）でおこなっています。保育後には、10～15分程度、「バンビーニ」の各担任と主任とで振り返りをおこない、1、2週間に1度、テーマをあらかじめ決めてのバンビーニ会を30分程度おこなっています。

Ⓒ　園内研修（全体・学年・個別）

「保育の質」の向上を図るための園内研修は必要不可欠です。認定こども園の場合、その時間

の確保が難しいと言われていますが、本園では、職員それぞれの役割や働き方に応じて、担当部署全体でおこなうもの、学年でおこなうもの、担当者でおこなうもの、個別におこなうものとに分け、それぞれの内容や課題に添っておこなっています。

担当部署全体での研修は、「全体的な計画」やそれぞれのカリキュラムをもとに保育を振り返る実践検討会「まとめの会」を学期ごとにおこなっています。0～2歳児クラス、3～5歳児クラス、「バンビーニ」それぞれでおこない、非常勤保育者を含む全保育者と接続する学年保育者が参加します。理念の共有や安全にかかわる研修もおこなっています（年4回程度）。それは、同じテーマを回数に分けておこなうなどの方法をとっています。

研修にはビデオ・カンファレンスも取り入れています。保育をビデオで記録し、担任とその学年主任、そして副園長とでビデオを観ながら保育の検討をします。保育の良いところはもちろん、課題も確認し合い、質の向上を目指します。場合によっては、学年全体でビデオ・カンファレンスをおこなうこともあります。

外部講師による園内研修のカンファレンスには、午後2時以降の保育を担当する「バンビーニ」の保育者は参加するのが難しいのですが、午前中、講師とともに保育を見ながら具体的なかかわり方などの話を聞けるようにしています。「バンビーニ」独自の研修機会は比較的少ないので、午前の時間を使った園内研修を増やすことが、今後の課題です。また、研修機会が少なかった非常勤保育者の研修を、２０１６年度から意識的に取り入れ、非常勤保育者のさらなる質の向上を目指しています。

学齢別保育の担任と「バンビーニ」の担任が別々に配置されていることで、勤務時間内に保育から離れる時間が確保され、研修時間もしっかりとれるというメリットがあります。また、幼保連携型認定こども園になったことで、保育者を各役割に応じて手厚く配置できるようになり、保育者それぞれが保育に携わる時間に応じて、学年や部署ごとでの研修時間をこれまで以上にとることができるようになりました。

●職員の勤務体制

幼稚園の時は、ほぼ全職員が同じような時間帯で勤務していたのに対し、認定こども園になり、多様な時間帯と多様な職務の必要性がでてきました。11時間開園していますので、まずはそれに対応できるようなシステムと、より専門性を高めていけるような研修計画が求められていると感じています。開園時間が長くなっても「教育課程に係る教育時間」(学齢別保育)の担任は、それまでの幼稚園の時と近い働き方が維持できるよう心掛けています。「保育の質」を向上させるためには、この「教育時間」の後に、保育記録と日案を書き、翌日の環境構成をおこない、さらに学年会や園内研修をおこなうことは欠かせません。それは、午後2時以降の保育を「バンビーニ」の保育者が担っていることで確保できる時間です。

また、1号認定の子どもたちの長期休業中、学齢別保育担当の保育者たちは、研修や普段できない部分の環境整備などをおこない、それ以外は比較的長い休みを年休としてとります。その間の2号認定の子どもへの保育や1号認定の預かり保育は、「バンビーニ」を担当する保育者が中心となって保育をおこなっています。1号認定の子どもたちがそろった2学期に、「バンビーニ」の保育者は少しまとまった休みを順番にとります。その間は、学齢別保育の保育者がサポートします。それぞれの部署によって働く時間帯は違いますが、それぞれの職務が独立した上で、補い合い、連携し合えるよう勤務体制を整えています。このように、出勤時間や退勤時間が部署によって異なるため、1年間の変形労働時間制を取り入れ、就労カレンダーを組み、同一賃金、同一の労働時間となるよう取り組んでいます。

● 保護者とのかかわり

「保育の質」の向上や保育者の勤務体制の確立は、保育を受ける子どもたちにとって大きな利益となることはもちろんですが、親がどのようにわが子とかかわっていくかということは、言うまでもなく重要なことです。親育ても、私たちの大切な仕事の一つとなってきているのです。親を育てようと講演会を企画するだけでは不十分ではないかと思っています。

私たちは、子どもたちの成長を通して、そのことを保護者と共に喜び合う関係を築きたいと常々願っています。子どもの成長を願わない親はいません。しかし、忙しい日々のなかで、子育てが大変だと感じる場面も多々あると思います。私たちは、園での子どもの様子を分かりやすく伝えることで、保護者が子どもの成長や子どもとのかかわり方を学んでいくことにつながると実感しています。子育てに悩む親に提案をするなど、親育てを直接的におこなうことも必要ですが、子どもたちを介して、親育てをすることは、もっと重要であると感じています。また、保護者の参画を求める活動を取り入れることで、子どもを中心とした過ごし方も素晴らしいものだと、多くの保護者に感じてほしいと願っています。

認定こども園における保護者の参画は、「日程が合えばできるようなもの」が良いと考えています。本園には、希望する保護者と職員からなる三つのプロジェクトチーム（アグリ、アート、キベラ）があります。また、保護者会活動は、全員いずれかにかかわりますが、数年前に保護者の発案で、サポート係（自分の可能な日時に園や地域、子どもたちのためになるようなことをおこなう係）ができました。それは、事情があって保護者会の係になれなくても、自分の都合の良い時間に参加が可能であり、係を担わない後ろめたさもなくなる、ということでできた係です。好きな時に1時間程度、年1回でも良いのですが、何回もやってくださる方もいる状況です。このような保護者の参画は、「わが園」と思い、子どもたちを中心に保護者と職員がともに協力しながら子どもたちにかかわっていく、子育ち、子育てにとって良い環境だと考えています。また、副園長が保護者との専用チャンネルであり、係のこと子どものことなど、気軽に相談できるようになっています。

また、日々の保護者とのコミュニケーションの場は、バスでの送迎時もしくは保護者自身の送迎時です。着替えの補充のお願いなど簡単な事柄は、バス搭乗職員や「バンビーニ」の保育者が伝言をします。それ以外は、保護者が直接送迎する時や電話でおこなっています。「バンビーニ」を利用する子どもが、午後2時までの学齢別保育で、発達に関わる嬉しいことがあった時や友達とけんかをしてしまったことなどを伝える場合は、「バンビーニ」に保護者が迎えに来た時、学齢別保育の担任を呼んでもらうようにしています。伝言ではなく、学齢別保育の担任が直接話すことで、状況がよく伝わると考えるからです。このように、必要に応じて「バンビーニ」の保育者が対応したり、学齢別保育の担任が対応することで保護者との良い関係づくりに努めています。

●今後の課題

午後2時以降の「バンビーニ」の保育を20～25人の異年齢のクラスに分け、担任制にして4年目となり、「午後の保育」がかなり安定してきました。学齢別保育の担任と「バンビーニ」の担任が連携を図ることにも努めてきました。バンビーニのミーティングに、副園長が必要に応じて入り、学齢別保育と「バンビーニ」の様子の伝達や連携はもちろんのことですが、その上で各学年の子どもたちの発達の姿を確認し、それを「バンビーニ」の保育につなげるような役割も担っています。「バンビーニ」のまとめの会では、各保育者から積極的な意見が多く出るようになりました。それは、担当者たちが「バンビーニ」の保育に手ごたえを感じ始めたからだと思います。

しかし、学齢別保育の保育者との連携をもっと機能的に、かつ内容深くおこなえないものかと考えています。「バンビーニ」の異年齢保育としての良さを活かした保育の向上のためにも、日々のミィーティングの充実を図り、工夫して研修時間の確保をすることで、より良い連携をさらに模索していきたいと思っています。

❸ 認定向山こども園における「保育の質」向上の取り組み

● 認定向山こども園の紹介

認定向山こども園は、1956年創立の向山幼稚園に、1、2歳の認可保育所を併設する形で、2014年5月に再スタートした幼保連携型認定こども園です。仙台駅から直線距離で3キロ、車で15分の位置にありますが、森や畑を含む園庭があり、比較的広い敷地面積の園です。

本園では、子どもの主体性を最大限に尊重しながら、子どもたち自らが納得する社会をつくっていくプロセスを大切にしていきます。そのなかで、自分のやりたいことをとことん追求して遊び込んだり、いろいろな仲間とコミュニケーションをとったり、たくさんの個性に触れたりしながら、これからを生きていくための土台を育むことを目標に保育をおこなっています。認定こども園になるにあたり、1歳から5歳までの子どもたちが一緒に生活する上で、それぞれの部署での保育のコンセプトを考えました。

まず、1、2歳の子どもたちが過ごす「ばっぱんち」は、仙台の方言で〝おばあちゃんのおうち〟という意味です。おばあちゃ

んのおうちで過ごすようなゆったりした気持ちで過ごしてほしいという願いを込めています。保育室はプレイルームとランチルーム、そして午睡の部屋の三つで構成され、子ども一人ひとりの生活のペースを尊重しながら過ごせるようになっています。

3、4、5歳の「ゆうぼうの丘」は、「有望」と「遊びを紡ぐ」という二つの意味があります。子どもたちと一緒に生活や遊びを紡ぎだしていくという願いが込められています。「ゆうぼうの丘」では、1号認定と2号認定の子どもが一緒に過ごす「教育課程に係る教育時間」の保育を「おひさまの時間」、2号認定の子どもが対象の「午後の保育」を「ゆうやけの時間」と呼び、ここでもコンセプトが分けられています。「おひさまの時間」は、安定したクラスという人間関係をベースにしながら、子ども同士が学びあっていく時間。「ゆうやけの時間」は、地域社会で生活しているような雰囲気をコンセプトに掲げ、ボランティアの方に多く入っていただき、異年齢や他世代とも触れ合える時間となっています。

もともと、幼稚園として60年弱の歴史がある向山こども園では、子どもの成長には園と家庭、地域との両輪が必要と主張してきました。園という集団生活の場があり、家庭、地域で大人や様々な出来事と出会える時間がある。このことが、子どもたちの成長には欠かせないと考えてきました。認定こども園になるにあたり、特に2号認定の子どもの「午後の保育」を考えたとき、今まで大切にしてきた家庭や地域での育ちや連携を、どのように認定こども園の保育に含み込み、具現化していけるのかが課題となりました。「おひさまの時間」の保育を延長しただけでは、子どもにとっては園での集団生活が単に延長されただけとなり、1号認定の子どもと経験の差が出てしまうのではないかとの懸念がありました。

また、「ゆうやけの時間」の子どもたちが「おひさまの時間」から引き続き園舎を使い続けると、「おひさまの時間」で展開していた遊びやその環境が夕方には変化してしまい、「おひさまの時間」での遊びを継続して展開することが難しくなってしまいます。さらに、「ゆうやけの時間」は保育者の数も減ってしまうため、園舎や園庭をすべて開放してしまうと、見取れなくなってしまうという現実もあります。

そこで、「おひさまの時間」と「ゆうやけの時間」とでは、保育をする棟を変え、「ゆうやけの時間」には50～60人の子どもが過ごせる別の園舎と園庭に移動し、そこで保育をおこなっています。「おひさまの時間」と「ゆうやけの時間」の生活空間を分けることで、生活にメリハリを与え、長時間となる園生活のリズムをつくっていけると考えました。

● 勤務体制

ここからは向山こども園の勤務体制や保育者の仕事のタイムテーブルを紹介します。本園では、勤務体制として2交代制をとっ

図1　向山こども園における1日の保育時間

ています。1号認定の子どもの長期休みには職員の研修や有給休暇消化のためにシフト制をとっていますが、その他の日は2交代制を原則とし、臨時職員を含め、職員それぞれの勤務時間を固定しています。

「ばっぱんち（1、2歳）」と「ゆうぼうの丘（3、4、5歳）」とでどちらも同じ体制を整えています。2交代制にすることで、子どもたちは毎日、在園している時間帯に応じて、同じ保育者と継続した遊びや生活を送ることができます。同じ保育者が担当しているからこそ、子どもとの応答的なかかわりのなかで遊びや環境を紡ぎだしていけると考えています。子どもや保護者にとっては、朝にいつも同じ保育者から迎えられ、帰りもいつも同じ保育者から引き渡されることで大きな安心感になっています。

　固定した2交代制にすることで保育者にとっても、毎日のカンファレンスを固定したチームで継続的におこない、積み重ねることができるメリットがあります。図2は勤務体制を簡略化したものです。オレンジ色がコンタクト・タイム。緑色がノンコンタクト・タイムです。子どもとかかわるコンタクト・タイムでは、毎日決まった時間に保育に打ち込み、子どもから離れるノンコンタ

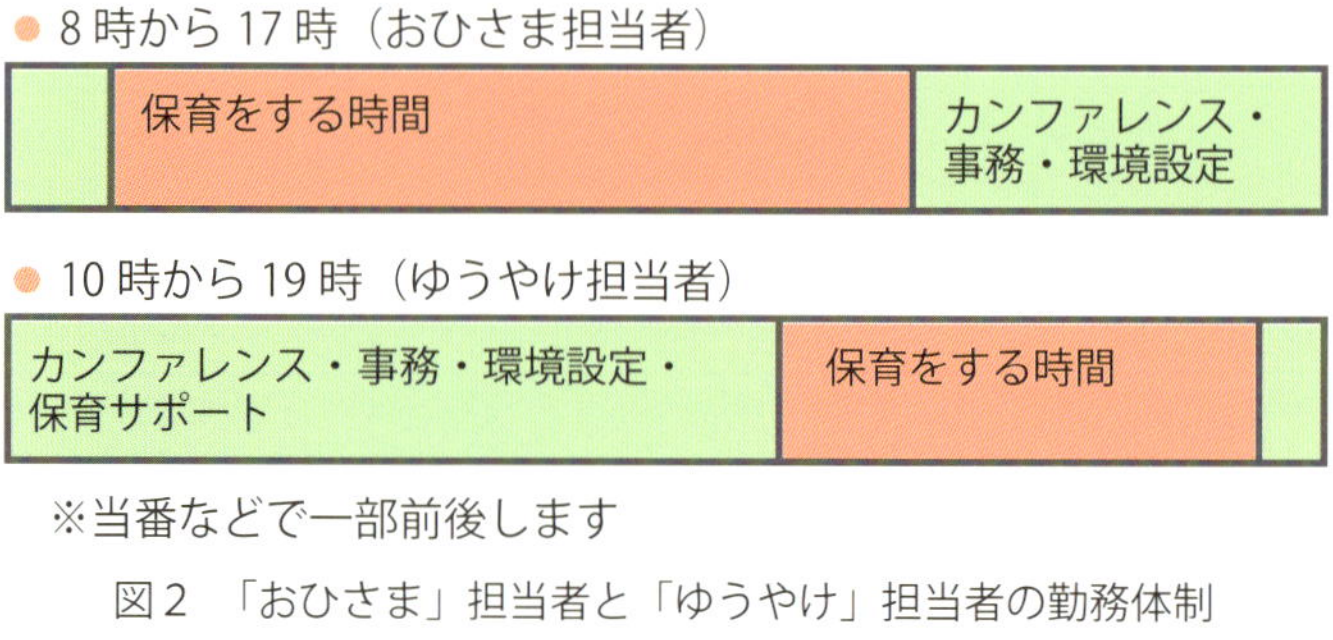

※当番などで一部前後します

図2 「おひさま」担当者と「ゆうやけ」担当者の勤務体制

クト・タイムでは、カンファレンスをしたり、記録を書いたり、次の日の準備をしていきます。

それぞれの部署のノンコンタクト・タイムの使い方を次に示したいと思います。

●ノンコンタクト・タイムの使い方

❶「ばっぱんち」（1、2歳児クラス）

「ばっぱんち」では、「おひさまの時間」と「ゆうやけの時間」の保育を同じ場でおこないますので、生活や遊びの連続性や体調などを、担当者間で細かく引き継ぐ必要があります。そこで午睡時間中の同じ時間に、「おひさま」担当者と「ゆうやけ」担当者のノンコンタクト・タイムを設けています。この時間に合同の記録をつけたり、引継ぎをします。また、ノンコンタクト・タイムでは、できる限り保育者間で話をする時間を多くとるようにしています。そのため、連絡帳には睡眠時間、排せつ、食事など、健康面での情報を確認する「健康ノート」以外は記入しません。園での生活や遊びの様子については、写真を多用したお便

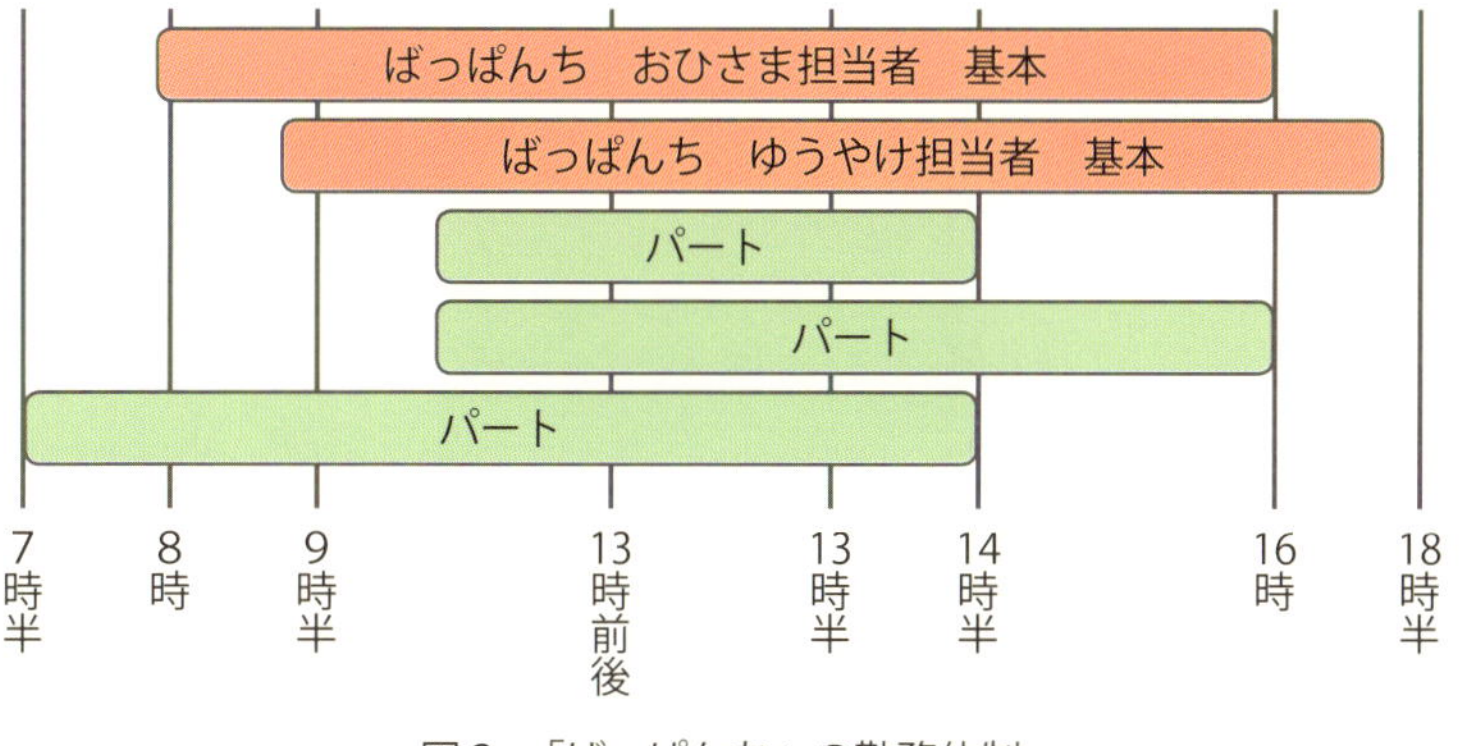

図3　「ばっぱんち」の勤務体制

りを週に2、3回配布し、保護者に伝えています。

このような勤務体制を組み、日々、「おひさま」担当と「ゆうやけ」担当とでカンファレンスをおこなうことで、保育を連続して見取ることができるとともに、複数の目で保育を見直したり、一人ひとりの発達を捉えることができるようになります。また、午睡時にカンファレンスをおこなっているので、「ばっぱんち」を担当する保育者は、全体の終礼の時間（午後4時）まで保育に入り、終礼後は自分の事務仕事をして勤務を終えます。

午睡は、寝るタイミングや夜寝る時間なども様々であることから、子どももそれぞれの午睡時間を調整しています。この調整への対応とSIDS防止の監視をするパートの保育者を午睡時間に各クラス1人配置しています。その他、起きた子どもとトイレに行くなどの対応をおこなう保育者1人（パート）が子どもたちに寄り添い、保育に当っています。

❷「ゆうぼうの丘」（3、4、5歳児クラス）

「ゆうぼうの丘」のノンコンタクト・タイムは、「おはようの時間」の担任は保育の後に、「ゆうやけの時間」の担任は保育の前に、それぞれ設けています。ノンコンタクト・タイムでは、学年ごとのカンファレンスをおこなったり、事務作業や保護者とのやり取りをします。

それぞれの保育者の業務の詳細は、図４と図５に示しました。これらはあくまでも典型例で、保育者の力量や仕事のペース、また、カンファレンスの進め方、記録のスピードなどをみながら、適切な時間配分になるよう調整をしたり、順番を変えたりしています。状況に応じて常に見直しながら、変化してもよいという雰囲気をつくることで、保育者自身から仕事を効率化しようとする雰囲気が生まれるようにしています。

また、「ゆうぼうの丘」の担任の保育形態については、「ばっぱんち」とは異なる点が大きく三

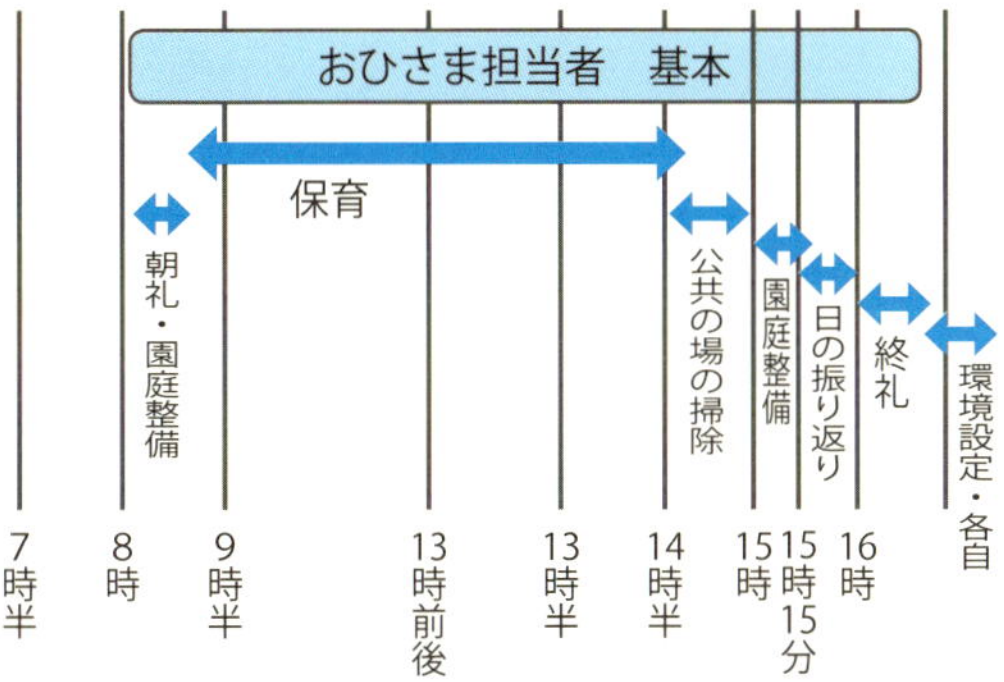

図４　「おひさま」担当者の業務

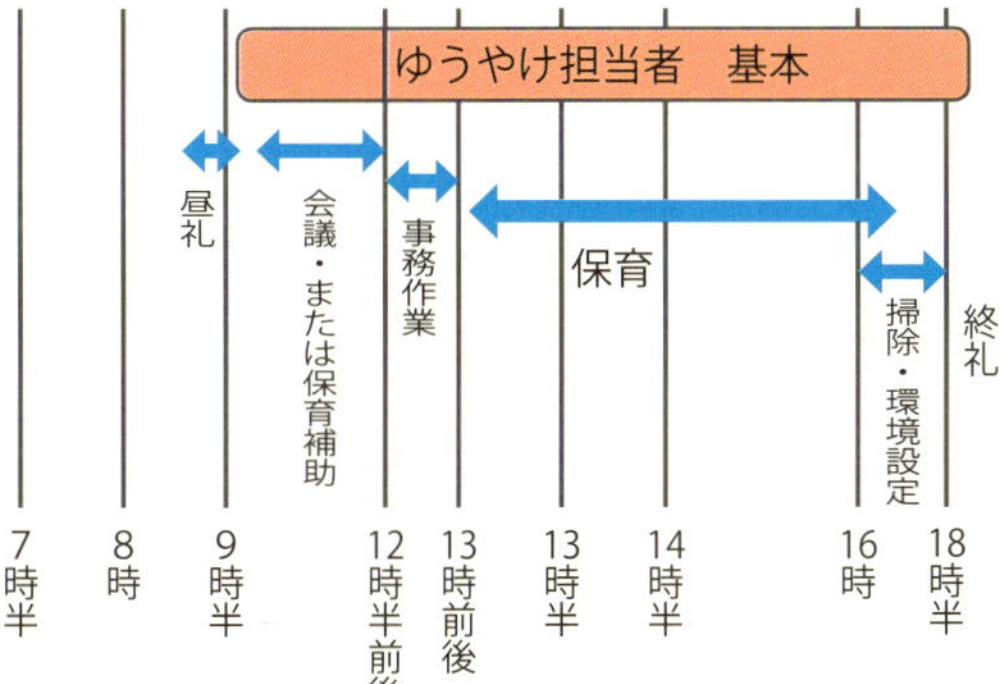

図５　「ゆうやけ」担当者の業務

つあります。まず一つは、保育者1人の受けもつ子どもの人数が多いということです。そのため、事務量は必然的に増えます。送迎バスを利用する子どもが約8割の向山こども園では、園での様子を保護者に伝えるため、連絡帳、写真がメインの手紙、お便りなど、文書での情報発信も多くあります。また、けがなどによる電話連絡も含めると、「ゆうぼうの丘」の担任保育者の事務量はどうしても多くなる傾向にあります。

二つめの違いは、午睡の時間を設けていないことです。そのため、保育者はそれぞれの担当時間において常に子どもを見守りかかわる必要があります。よって、「おひさまの時間」と「ゆうやけの時間」の担当者が顔を合わせて情報を交換する時間をもつことは日常的にはほとんどできません。この点は大きな課題ですが、その対策については後半部で詳しく述べます。

三つめは、先にも述べたように、「おひさまの時間」と「ゆうやけの時間」では保育の場所が異なるということです。「ゆうぼうの丘」の子どもたちのほうが圧倒的に多く、行動範囲も広くなります。さらに、使用する遊具や素材も多いため、園庭の環境整備や各クラスの環境構成に時間がかかるのが現状です。

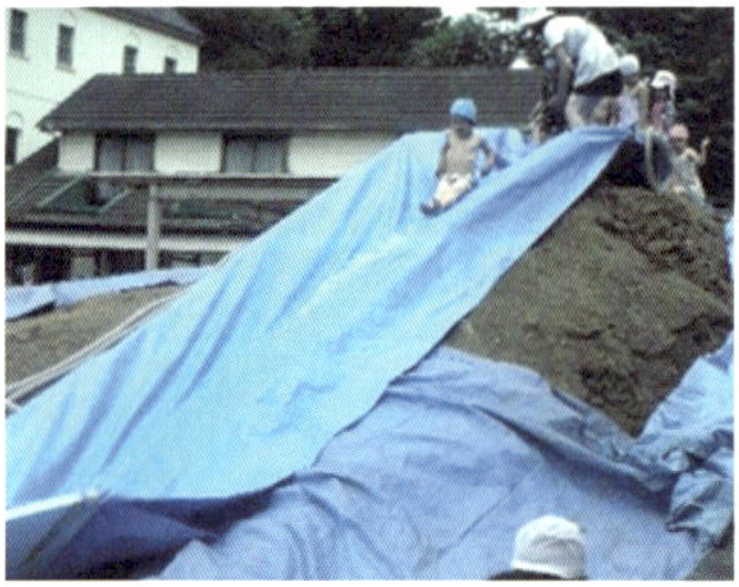

これら三つの違いを考慮して、「ゆうぼうの丘」ではノンコンタクト・タイムをなるべく多くとり、保育に必要な業務をおこなえるよう整えています。

● カンファレンスと記録

向山こども園において、保育の質向上の取り組みとして重視しているのがカンファレンスと記録です。保育者がカンファレンスと記録を連動させることで、子どものことを多角的に見て理解し、次の援助をより深く考えることが可能になると考えています。記録方法は、ポートフォリオなどがありますが、現実的に保育者が見たい姿（記録）を実際に見やすくできるように、それぞれが工夫できることを大切にしています。そのため、一律の書式を使うのではなく、カンファレンスと連動させた方法をとっています。二つの例を紹介したいと思います。

一つは、パソコンを使ったカンファレンスと記録です。日々のカンファレンスでは、その日のエピソードをお互いに語り合い、そこで報告された内容をファイルに記録していきます。一方で、週や月に一度おこなうまとめのカンファレンスでは、日々の記録

から遊びの傾向や流れ、子どもの成長を読み取り、次の週の遊びや援助などにつなげていきます。記録には、継続している遊びごとにファイルをつくり、メンバーとエピソードの記録を積み重ねていくことで、1週間ごとの遊びの変化やメンバーの変化を見極めていきます。共有できるソフトを使い、記録の補足などを園内にいればどのパソコンからでも追記できるようにしています。また、カンファレンスで話されていることをそのままパソコンに打ち込んでいくことにより、カンファレンスと記録を同時にできるようにしています。

別の記録方法は、付箋を使ったものです。月のねらいごとに、保育のなかで感じた該当項目のエピソードを短く書き、これを日々のカンファレンスで発表します。KJ法をもとに考えた方法です。この付箋は、1週間ためていきます。そして、週末の振り返りでこの内容をカテゴリーごとに分け、子どもたちの育ちを検証していきます。保育者それぞれが見ている視点の整理やその時期の子どもの成長を読み取ることに有効な記録方法となっています。

このように、日々の子どもの姿を読み取りやすく、カンファレンスでも話しやすいような方法で記録することによって、短期、中期での保育を検証することができるようになり、保育の質の向上につながると考えています。

● 全体での情報共有

職員全体での情報の共有は、認定こども園にとって難しい問題です。

まず、朝礼と終礼が正規職員にとっては全体の情報共有のかなめとなります。先の図4と図5

にもあるように、2交代制のなかで、「おひさまの時間」の担任は午前8時に朝礼、午後4時に終礼。「ゆうやけの時間」の担当者は午前9時半に朝礼、午後7時に終礼があります。

終礼に参加できないパートタイムの保育者などには、メールにより情報の共有をします。ここで共有されるのは、次の事柄です。

●子ども同士のトラブル・けが・早退について

●子ども・保護者の個人情報にかかわる事項で共有していたほうがいいことの確認と指示（個人情報の詳細までは記載しない）

●全体で共有しておくべき園の行事などについての確認事項

●感染症などについての情報

メールで共有するこれらの情報は、バスに添乗する保育者がパートタイムの保育者であることが多く、朝に子どもや保護者に会ったときに知っておいたほうがいい情報となります。情報の共有は、もちろん顔を見て話をすることが大切ですが、それが物理的にもコスト的にも難しい場合もあります。そのため、メールなどを活用し、最低限の情報を共有するようにしています。

カンファレンスに出られない保育者への保育内容や指導計画についての情報の共有は、各学年の主任級の保育者が担います。必要に応じて保育中に伝え合う場合もあれば、バス添乗業務から戻ってきたときに話をすることもあります。また、メモや紙面にしてまとめて伝える場合もあります。

● ハード面での工夫

保育の質の向上のため、ノンコンタクト・タイムをより良いものにしていくには、職員室の雰囲気を良くする必要があります。既定の教育課程だけではなく、保育者が日々の子どもの姿を見取り、その上でかかわり方を探っていく本園の保育の場合、カンファレンスがかなめとなるからです。カンファレンスは、リラックスした雰囲気で、なるべく本音で話ができることが大切なので、保育者が集う職員室はハード面でいくつかの工夫をしています。

まずは職員室を広くつくり、担任・担当保育者それぞれの固定の机を設け、荷物を置いたり、各自の仕事を継続してできるスペースを確保しました。これは、職員室に保育者が気兼ねなく帰ってこれる場所をつくり、自分のペースで仕事ができるようにするためです。職員室に自分の場所がしっかりとあり、安定した職場環境のもと、フォーマルな話し合いからインフォーマルな雑談までが起きやすくなるようにしています。

また、給湯室を設けたり、お菓子や飲み物の販売機を設置しました。このようにすることで、保育者がリラックスした雰囲気のなかで職員室で過ごし、カンファレンスができるようになります。

カンファレンスで対話が起きやすい環境

飲み物・軽食・お菓子の販売機

給湯室

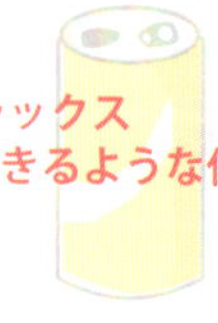

―リラックス
できるような仕掛け―

もちろん、飲み物などはセルフサービスです。先輩・後輩、上司・部下に関係なく、自分のことは自分でするという職場の風土をつくれればと考えています。

職員室に全部署の職員の机があることも工夫の一つです。事務職員や栄養士の机も同じ空間にあることで、部署をまたいで連携がとれ、意思決定のスピードを速めることができます。さらに、職員室のすぐ隣に会議室を二つ設置し、その一つは防音仕様の部屋としました。込み入った話や音楽機材を使った打ち合わせのときに使用しています。多様な業務をおこなう保育者が職員室に一堂に会しても快適に仕事ができるための工夫です。

ノンコンタクト・タイムでの職務を重視する本園では、職員室は保育室と同じか、それ以上の時間を保育者が過ごす場所になるため、快適な空間であることは必須条件となっています。職員室の環境を整え、保育者の三間（仲間・空間・時間）を確保することで、活発な話し合いが起こり、子どものことを多角的にみることのできる保育者集団が形成されると考えています。

● 2交代制の課題と対策

「ゆうぼうの丘」（3、4、5歳児クラス）では、午睡をする子どもが少なく、「おひさまの時間」と「ゆうやけの時間」の保育が間を置かずに継続しておこなわれているため、それぞれの担当者が顔を合わせてカンファレンスをする機会をほとんどもてないのが現状です。各担当者レベルで、それぞれの部署でどのようなことが起きているのかを把握するには少し難しさがあります。また、パートタイムの保育者はカンファレンスに入っていないため、最低限の情報しかないまま、保育をしているのが現状です。

この課題への解決方法として、各学年にフリー保育者を配置しています。フリー保育者は主任級の保育者で、その学年をまとめる保育者です。毎年人事異動はありますが、「ゆうやけの時間」の担当者が、「おひさまの時間」のフリーを兼務する場合があります。フリー保育者が「おひさまの時間」と「ゆうやけの時間」の2部署を担当することで、部署間の橋渡しをしています。また、パートタイムの保育者には、月に1回、クラス担任とミーティングができる時間を設けています。しかし、両方とも十分な対策ではないので、「おひさまの時間」と「ゆうやけの時間」、そして常勤とパートタイムの保育者との情報共有については、今後の課題でもあります。

●午睡についての考え方

午睡に関しては、認定こども園に移行するにあたり、園内でも議論になったことの一つです。特に「ゆうやけの時間」の子どもに午睡は必要なのかを考えたとき、学年で区切れるものではなく、個別対応をするものだというのが私たちの出した結論です。保育者の休憩や連絡帳記入の時間を確保するため、一人の保育者で多くの子どもを見切れる状況をつくったり、静かにしていてもらうことは大切ですが、そもそも子どもにとって必要なものでなければ意味がありません。

私たちもまだまだ勉強中ではありますが、それぞれの子どもにとって必要か否かについては、何らかの基準が必要だと考えました。その基準の一つとなったのは、午後8時半~午後9時に就寝しているかどうかということです。東北大学の川島隆太教授（2012）(1)は、午後10時頃に脳の奥にある下垂体から出される成長ホルモンが子どもの健全な成長には欠かせないと述べています。よって、この時間には深いねむりの状態になることが必要で、そのためには子どもは午後9時までには就寝することが大切と論じています。

早めの就寝には、各家庭の取り組みが必要ですが、午睡の有無やその時間にも大きく影響しているようです。そこで、その趣旨を保護者にも周知した上で、1か月ごとに家庭や園での睡眠時間の記録をとり、子ども一人ひとりの睡眠の傾向を把握しようとしています。その記録をもとに、「ゆうやけの時間」に在籍する子どもの午睡については、左記のように、おおむね5段階に分けて対応しています。

① 起きるまで午睡（基本午睡）
② 睡眠時間のコントロール（基本午睡）
③ 大人のコントロール（午睡・遊びの併用）
④ 自己選択（午睡・遊びの併用）
⑤ 過ごし方で調整・午睡の必要なし（午睡なし）

この5段階で子ども一人ひとりの午睡を調整しながら、夜にはしっかりとした睡眠がとれるよう、保護者とも協力し合いながら取り組んでいます。

---

(1)川島隆太『元気な脳が君たちの未来を開く―脳科学が明かす「早寝早起き朝ごはん」と「学習」の大切さ』くもん出版　2012　p.100-101

4 幼保連携型認定こども園のカリキュラム・マネジメント

● カリキュラム・マネジメントとは

幼保連携型認定こども園教育・保育要領（2017年3月告示）では、第一章総則の「教育及び保育の内容並びに子育ての支援等に関する全体的な計画の作成等」の項目のなかで「カリキュラム・マネジメント」という文言が使われています。

各幼保連携型認定こども園においては、「幼児期の終わりまでに育ってほしい姿」を踏まえ教育及び保育の内容並びに子育ての支援等に関する全体的な計画を作成すること、その実施状況を評価して改善を図っていくこと、また実施に必要な人的又は物的な体制を確保するとともにその改善を図っていくことなどを通して、教育及び保育の内容並びに子育ての支援等に関する全体的な計画に基づき組織的かつ計画的に各幼保連携型認定こども園の教育及び保育活動の質の向上を図っていくこと（以下「カリキュラム・マネジメント」という）に努めるものとする。

同時に改訂された幼稚園教育要領においても、教育課程をそのなかに含む全体的な計画を作成することが新たに規定され、同様に計画・実施・評価・改善のサイクルとしてのカリキュラム・マネジメントの取り組みが規定されています。一方、同時改定の保育所保育指針では、従前の保育課程が全体的な計画として規定され（保育課程という言葉は使われなくなった）たものの、カリキュラム・マネジメントという言葉は使われていません。これは、学校教育の施設ではない保育所の保育内容とその計画的実施を規定する際に、「(教育)課程(=カリキュラム)」という言葉が、法令用語として馴染まないことによるものと考えられます。しかし、保育の計画および評価として、計画・実施・評価・改善のサイクルを組織的に取り組むことは規定されています。

１９８９年（平成元年）に、環境を通しておこなうことが幼児教育の基本として示され、２００８年の幼稚園教育要領・保育所保育指針の同時改訂では、教育課程・保育課程における計画・実施・評価・改善のサイクルが質向上の中心となることが規定されました。さらに、２０１５年告示の幼保連携型認定こども園教育・保育要領では、教育課程・保育課程を含めた全体的な計画のあり方が規定されました。そして、２０１７年のトリプル改訂においては、実施に必要な人的・物的な体制といった組織のあり方自体も含んだカリキュラム・マネジメントという言葉を使うことによって、日本の幼児教育（保育所保育指針では使われていないのが残念ですが）における計画・実施・評価・改善のサイクルによる質の向上をより強調したと言えるでしょう。

●実際にはどのような「計画・実施・評価・改善」のサイクルがおこなわれているのか

実際の計画・実施・評価・改善のサイクルは、どのようなリーダーシップのもとで、どのようにおこなわれているのでしょうか。あるいは、どのような課題を抱えているのでしょうか。２０１８年に実施される「ＯＥＣＤ国際幼児教育・保育従事者調査」において、「園のリーダーシップの在り方を含め、園の雰囲気や実践の方法が、学びやウェルビーイング（健康・幸福）の環境を形成する状況。また、それが保育者の仕事に与える影響」についての国際比較結果がいずれ公表されるとのことですが、現状では手がかりとなるデータはありません。そこで、関東圏の私立幼稚園教員（幼保連携型・幼稚園型の認定こども園に移行している園が多数含まれている）１００人余を対象に筆者がおこなった研修の様子を紹介することで、そのことの一端を垣間みたいと思います。

「子どもとともに育つ保育者」というテーマで、前半の二つの園からの話題提供を受けて、後半にグループ討議をおこなう研修でした。このような場面でよくみられるのは、自園と他園との文脈の違いが大きすぎたり、自分には決定権がないと思われる事柄だったりすると、討議すること自体に意味をもちにくくなることです。研修自体は個人を対象としたものですが、集合研修では参加者それぞれが所属する組織のあり方が影響するため、組織開発の手法を手がかりにすることが有効な場合があります。例えば、人材育成の研究者である東京大学の中原淳准教授（2017）[2]は、組織開発では「①自分の組織の問題を可視化する、②可視化された問題について関係者一同で真剣勝負の対話をする、③これからどうするかを関係者一同で決める」という三つのプロセスを経ることが大事だと指摘しています。組織開発における「①可視化し、②対話し、③決定する」というプロセスにヒントを得たグループ討議の進行は次のようなものでした。

① 参加者を１グループ５～６人の20グループに分け、各グループのテーブル中央に、４象限に分割したＡ３サイズコピー用紙（２軸マッピングシート）を置く。（図６）

② 「あなたの園のクラス活動はどのタイプが多い？」について一人ずつ話す。その際、２軸

マッピングシートの縦軸を「単発的活動・継続的活動」、横軸を「個人活動・協同活動」として、４象限（Ａ〜Ｄ）のどこかにそれぞれの目印マーカーを置き、なぜそこに置いたのかについて話すよう

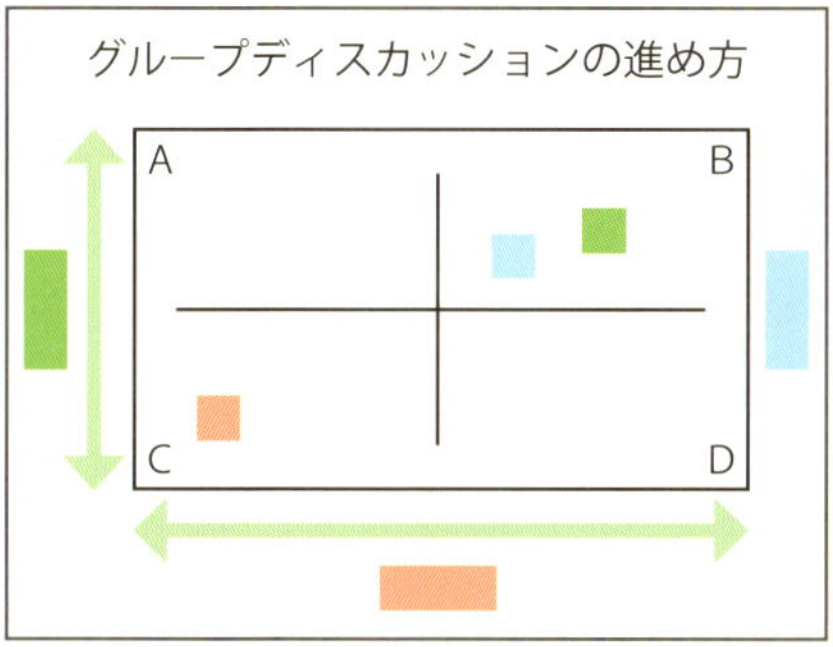

図６　２軸マッピングシート

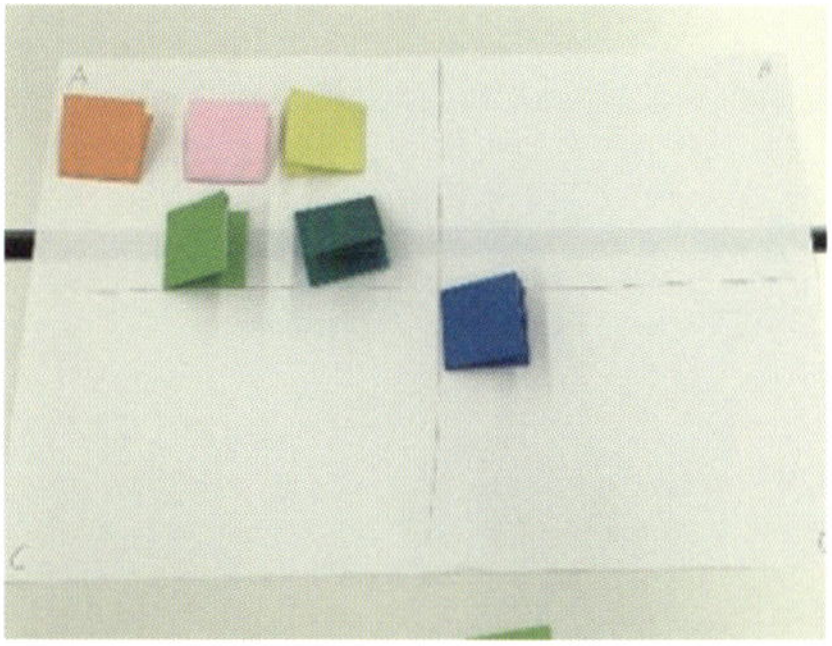
写真１　あなたの園のクラス活動はどのタイプ？

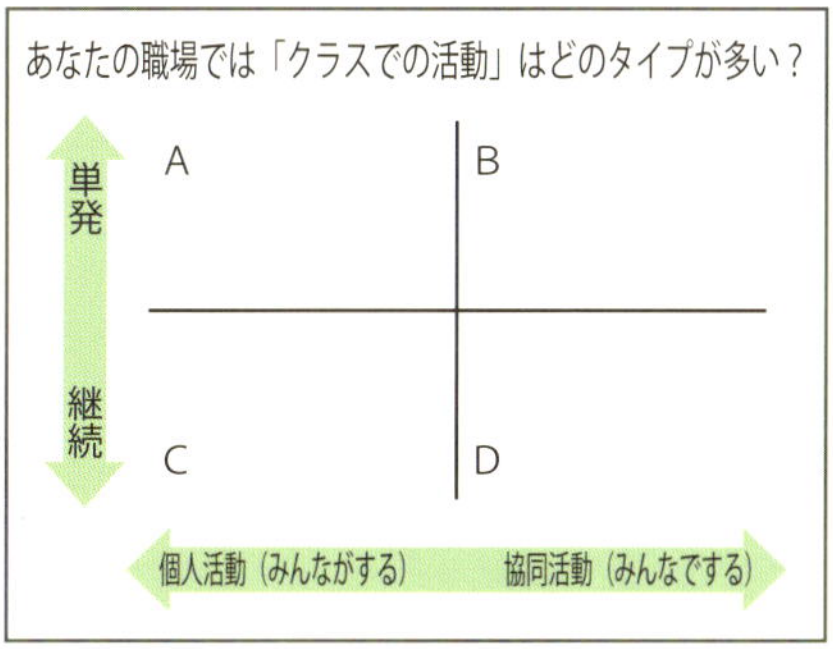

図７　クラス活動のタイプ

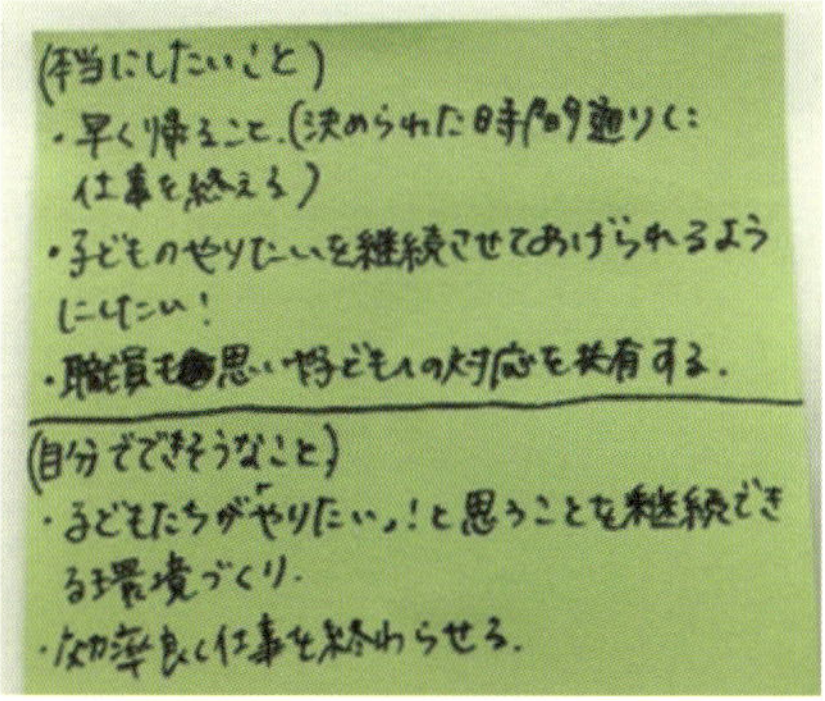

写真２　付箋でシェア

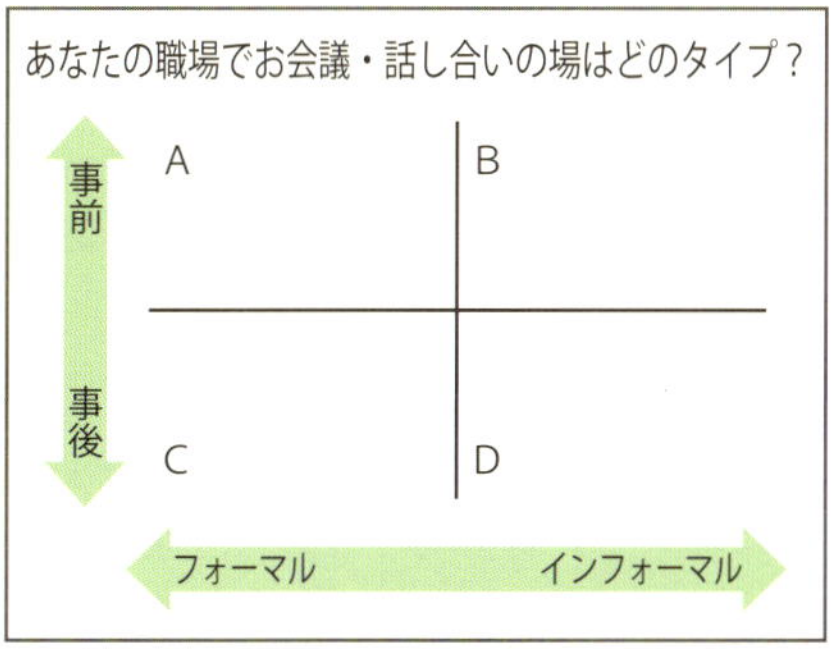

図８　会議・話し合いのタイプ

にする。タイムキーパーを決め、どのメンバーも十分に話すことができるようにする。（図7）（写真1）

③　他者の話を聞き、「同じだと思ったこと・違うと思ったこと」を付箋に書き出し紹介し合う。

④　次に「あなたの園の会議や話し合いはどのタイプ?」について一人ずつ話す。その際、縦軸を「事前の打ち合わせ・事後の振り返り」、横軸を「フォーマルな場での話し合い・インフォーマルな場での話し合い」とする。（図8）

⑤　他者の話を聞き、「本当にやりたいこと（実現したいこと）・自分がチャレンジできそうなこと」を付箋に書き出す。

⑥　付箋に書き出されたことをプロジェクターで投影し、全体でシェアする。（写真2）

このワークでの「①可視化するプロセス」は、2軸マッピングシートを使う場面です。グループのメンバーがどのように特徴づけられた組織に所属しているのかが可視化され、安心して次の対話プロセスに向かうことができます。「②対話するプロセス」は、付箋を使い「同じだと思ったこと・違うなと思ったこと」を書き出し、それを紹介し合う場面です。このような集合研修で相手の話に耳を傾けたり、相手に自分の話をじっくり聞いてもらったりした体験は、職場でのリーダーシップ形成に影響する可能性があります。「③決定するプロセス」は、付箋を使い「本当にやりたいこと（実現したいこと）・自分がチャレンジできそうなこと」を書き出す場面です。全体にシェアした付箋には、次のようなことが記述されていました。

◎本当にやりたいこと（実現したいこと）

・先生方にゆとり時間を！早めに帰ることのできる職場作り
・保育者がやりやすく間違いなく行うことも大事だが、話し合いによって、子どもたちがどう過ごせるか、楽しく参加できるかを考えたい
・遊びの中で目にした子ども同士の関わり合いを全員で共有&考えたい
・職員一人一人が、積極的に前向きにアイディアを出し合えること
・行事のことだけでなく、日々の子どもの様子についてゆっくりと話し合いたい（けれど、時間がない！）
・保育後に、作業しながらなど、インファーマルに気軽に話をすること
・若い先生が発言しやすい環境をつくり、新しい意見をたくさん出して欲しい（同じことの繰り返しのようになっているところもあるので）
・1～2年目の先生の意見をもっと聞きたい

◎チャレンジできそうなこと

・まずは自分が見本となって（週に1度は）早めに帰る！
・残した方がいいこと、削った方がいいことを考える
・話し合いの内容について事前にまとめておく
・一人一人の子どもについての報告だけでなく、ある場面を切り取っての報告や考える時間を持ってみたい（でも時間がとにかくない）
・若い先生の不安や悩みを聞く

・会議についてのストレスはないが、経験の少ない先生を育成する話し合いを持ちたい
・立ち話など気軽に怖がらずにしていく
・会議を早く終わらせるために、やりたいアピールをもっとする！

このグループ討議で語られ記述された参加者の実感からは、幼稚園や幼稚園から移行した認定こども園には、次のような実態があることがみえてきます。

①「計画・実施」に関わる事前の打ち合わせをおこなうための会議・話し合いが中心となっていて、「評価・改善」に関わる事後の振り返りのための時間をとりにくい。

②初任期の保育者が自分の気持ちや考えを表明しやすい雰囲気が組織に少ないだけでなく、中堅以上の保育者にとっても初任期の保育者を支援し内省を促すための時間的リソースが不足している。

なお、研修終了後の個人の振り返りには、他園の話を十分に聞けたことへの満足感が多く記述されていました。

●組織のマネジメントとカリキュラムのマネジメントの統合

幼保連携型認定こども園教育・保育要領の「教育及び保育の内容並びに子育ての支援等に関する全体的な計画の実施上の留意事項」には、次のことが示されています。カリキュラム・マネジメントという言葉が登場するもう一つの箇所です。

各幼保連携型認定こども園においては、園長の方針の下に、園務分掌に基づき保育教諭等職員が適切に役割を分担しつつ、相互に連携しながら、教育及び保育の内容並びに子育ての支援等に関する全体的な計画や指導の改善を図るものとする。また、各幼保連携型認定こども園が行う教育及び保育等に係る評価については、教育及び保育の内容並びに子育ての支援等に関する全体的な計画の作成、実施、改善が教育及び保育活動や園運営の中核となることを踏まえ、カリキュラム・マネジメントと関連付けながら実施するよう留意するものとする。

ここで強調されているのは、カリキュラムのマネジメントと、園長のリーダーシップのもとでの組織のマネジメントとを連携・統合させていくということです。また、教育・保育要領には「幼保連携型認定こども園として特に配慮すべき事項」が示されていて、認定こども園のカリキュラム・マネジメントでは「6年間の発達の連続性」と「1日の生活の連続性」に現れる段差への留意がその中心となっていることがわかります。具体的には、「0～2歳までと満3歳との段差」「3月から4月への年度の切り替わりでの段差」「長期休業時期の切り替わりでの段差」「共通利用時間（例えば午前9時から午後2時）とその前後の時間との段差」などが挙げられています。

● 幼保連携型認定こども園は内部に境界線が生じやすい組織

幼保連携型認定こども園では、こども園に特徴的な組織内部の様々な境界線を意識したマネジメントが必要です。特徴的な境界線として次のようなことが挙げられます。

① 満3歳以上（幼児、以上児、1・2号認定の園児）と満3歳未満（乳児、未満児、3号認定の園児）
② 主に午前中の共通利用時間（1・2・3号認定）と主に午後から夕方の利用時間（2・3号認定）
③ フルタイム職員とパートタイム職員
④ 1号認定の保護者と2・3号認定の保護者
⑤ 教育・保育担当者と地域家庭支援・放課後児童支援担当者
⑥ 中途採用者と新卒採用者

このような幼保連携型認定こども園におけるマネジメントは、ダイバーシティ・マネジメント（多様性を競争優位の源泉として生かす）として意味づけられる可能性もあるといえます。

ところで、このような組織にはどのようなリーダーシップが適しているのでしょうか。アメリカの組織開発研究者クルト・レヴィン（Lewin,Krut：1939）(3)は、リーダーシップを次の三つの類型に分類しています。

① 専制型（Authoritarian）：リーダーが全ての方針を決定し、作業手順も指示をする。
② 民主型（Democratic）：リーダーが励ましながら集団で討議して方針を決定し、作業手順の選択はメンバーに任されている。
③ 放任型（Laissez-faire）：リーダーはメンバーのおこなう行動にほとんど関与しない。

レヴィンの実験では民主型が最も有効とされました。とは言え、高度専門家集団では放任型が、不安定な集団では専制型が有効な場合もあります。例えば、不適切な運営が指摘された法人を巡る報道などからは、専制型リーダーシップからの脱却ができずに健全な組織開発ができなかったことがうかがわれます。一方で、組織全体で討議して民主的に方針を決定するとなると、先述の「時間不足」の問題がすぐに現れてきます。そのような場合、リーダーには、

① 組織をいくつかのユニットに分散させ権限を委譲する
② ユニットごとに分散型のリーダーシップが発揮されるようにする
③ 各ユニットからの情報が自然と行き交う場を構築する

といった、メンバーによる組織内越境が生じやすくなるような取り組みが求められます。例えば担当クラスの異なるメンバー同士で各ユニットを構成することなどを意識的におこなうことが有効です。また、地方の保育所が幼保連携型認定こども園に移行することで安定的で継続的な雇用が可能になります。今後、キャリアパスを考慮した人材育成が必要となった場合においても、親和性の高い取り組みなのです。例えば、「評価・改善」サイクルでの振り返りを、6〜7年目の保育者をリーダーにして、1〜3年目の保育者との3人ほどのユニットでおこなうことで、それぞれの成長課題に応じた人材育成につなげることが可能となります。その際に、写真や動画を用いたカンファレンスなどの手法と合わせておこなうことでさらに効果的になるでしょう。

---

(2) 中原淳（2017）「組織開発」再考—理論的系譜と実践現場のリアルから考える—『人間関係研究』南山大学人間関係研究センター pp.211-273
(3) Lewin,Krut（1939）Patterns of aggressive behavior in experimentally created social climates. Journal of Social Psychology. pp.271-299

5 「ノンコンタクト・タイム」の重要性について

保育所に入れないいわゆる待機児童の数が全国で2万人を超えています（厚生労働省発表）。これは2015年4月現在で7年連続のことです。少子化傾向が続いているのに、待機児童の数は減らないという異様な状態が続いているのが日本の保育の現状です。

そのようななか、待機児童解消の目玉として改めて制度設計されたのが2015年からスタートした幼保連携型認定こども園です。認定こども園は第三の保育施設として2006年に設置されましたが、国が目指すほど全国でその数は増えずしばらくは停滞気味でした。当時の認定こども園は、幼稚園と保育所双方の制度を残したまま認可するという形をとっており、一つの施設内に幼稚園と保育所それぞれが存在するようないわば一体化施設に近い形のものでした。そのため、申請手続きがとても煩雑で、さらに園によってはせっかく認定こども園になってもそれほどメリットがないといったこともあり、思ったようにその数は増えませんでした。そういった制度上の問題を解消し、一体化ではなく一元化の保育施設として、また「保育の質」向上を目指した保育施設として設置されたのが新しい幼保連携型認定こども園です。

●「保育の質」とは何か

では、「保育の質」の向上のためには何が必要でしょうか。それには、そもそも「保育の質」とは何であるかを考えなくてはいけません。

大宮（2006）[4]は著書『保育の質を高める』の中で保育の質を以下の三つに整理しています。

① プロセスの質：子どもたちの日々の生活における経験の質

② 条件の質：人的な条件、子どもと保育者の数（比率）、保育者の保育経験や学歴、研修

③ 労働環境の質：保育者の賃金と福利厚生、退職率、運営の参加度

これら三つの質のうち、保育実践をおこなう上で中心的な課題となるのは①の「プロセスの質」ではないでしょうか。子どもたちの生活に直接かかわる部分です。しかし、②の「条件の質」や③「労働環境の質」をないがしろにすることもできません。なぜなら「条件の質」や「労働環境の質」が保障されることにより①の「プロセスの質」が充実するわけで、これらは三つが並立すると考えるよりも、①を保障する基盤として②や③が必要だと考えた方がよいでしょう。ただし、働く人たちの条件や労働環境は国の保育制度に関わる問題もはらんでおり、各園の取り組みだけでは乗り越えられない部分も大きいのが現実です。

では子どもたちの「プロセスの質」、言いかえれば「経験の質」を高めるためには何が必要でしょうか。それには、乳幼児期固有の発達特性を踏まえておかなくてはなりません。乳幼児期は、赤ん坊がこの世に生まれ、周囲の環境に興味をもち、その環境を活用しながら自らの生活を拡げていく時期にあたります。生涯発達のなかのわずかな期間であるにも関わらず、心身ともにこれほど劇的に変化を遂げる時期はないでしょう。ただ難しいのは、彼らの興味関心はどんどん拡がっていくものの、それを実現するための身体や技能の育ちが伴わないということです。「あれをやってみたい」、「こんな風にしてみたい」と様々な願いをもつものの、それを達成しきれない側面が

あるのが乳幼児期の特徴です。だからこそこの時期には、周囲にいる大人の手助け、「援助」が非常に重要となってくるのです。

●「保育の質」を支えるもの

乳幼児期の発達を援助する立場にある大人、保育施設でいえば保育者ということになりますが、そういった人々が子どもを援助するためには何が必要でしょうか。それは、対象となる子どもの姿、発達の状態をきちんと捉えることに他なりません。しっかりとした「乳幼児理解」が必要だということです。子どもたちの日々の経験を丁寧に把握しているからこそ、それらを踏まえた上で翌日以降にどういった保育をおこなうかについて検討することができるのです。このような幼児理解や保育計画の検討をおこなうには、それらと向き合う時間がしっかりと確保されているかどうかが非常に重要であると筆者は考えています。

では保育所や幼稚園など既存の保育施設は、これまでそういったことをしっかりとおこなえてきたでしょうか。保育所の場合、8時間以上の保育をおこなってきたわけですが、その結果、「カンファレンスの時間がとりにくい」、「保育者全員が揃って研修を受ける機会が限られる」などの課題が残ったままでした。一方で幼稚園も、預かり保育や未就園児の保育、園庭開放などをおこなうことが一般的となり、どんどん多機能化してきた経緯があります。そのため幼稚園でも、4時間を標準とする「教育課程に係る教育時間」そのものの質の向上に時間を割きにくい状況が生まれてきています。幼稚園が認定こども園へ移行するということは、保護者の条件に関わらず、すべての子どもたちに長時間の保育を保障することになります。これまでも幼稚園では預かり保育をおこなってきましたが、預かり保育を利用する子どもの数が比較的少なかったので、保育時間後には教育活動の準備、いわゆる「プロセスの質」にかかわる時間を確保することができていました。それがこども園化することによりそれらの時間を確保することが難しくなるのであれば、保育時間の「量」は提供できても「質」の維持・向上は望めないということになってしまいます。

●ノンコンタクト・タイムとは何か

先に述べた「保育者が子どもたちと離れて保育の振り返りや翌日以降の準備をおこなう時間」を、子どもたちと触れ合わない時間という意味で「ノンコンタクト・タイム」(non-contact time)と呼ぶことにします。保育が長時間化するなか、ノンコンタクト・タイムをいかにして確保するかということは、「保育の質」向上のために国全体が取り組まなければいけない喫緊の課題です。ところが、現時点では園側の工夫や努力によるところが大きくなっています。子どもたちが朝早くから夕方遅くまで園にいるという状態になると、職員をどのように配置するかはとても重要な問題です。その工夫によってノンコンタクト・タイムを捻出できるかどうかが決まってくるわけですから。

このような議論をする時、必ずといっていいほどもち出されるのが、子どもと共にいることの価値についてです。保育者の仕事は「子どもと共にいることであり、それが一番大切なことだ」、「子どもがいるのに、保育者が机に向かって事務仕事をしているとは何たることか」、「子どもと離れる時間を確保しようなどというのはけしからん」、この種の「子どもと共にいること」を過剰に重視した考え方が保育業界に蔓延してはいないでしょうか。「子どもと共にいること」に対して必要以上に重きを置いているため、「子どもと離れようとすることは悪である」という呪縛を生み出しているのではないかと感じられます。

小学校以上の教育を考えると、授業のための準備時間が必須であることは言うまでもなく、そのことに目くじらを立てる人はいません。中学校では部活動の指導が忙しくなるものの、担当する授業時間は小学校よりもゆとりがあります。さらに高校、大学と進むにしたがって授業時間に比べて授業以外の時間の割合は高くなっていきます。この現実そのものが、社会全体が乳幼児を対象とした教育・保育を軽んじていることの表れのように感じます。小さい子どもを相手にしているから教育のレベルが低いのではなく、それぞれの施設、学校には固有の専門性というものがあるのです。認定こども園などの就学前施設と大学にはそれぞれ異なる課題があり、その異なる課題を解決するための専門性を有した教育機関となっています。

２０１７年3月に告示された幼保連携型認定こども園教育・保育要領では、指導計画について、「園児の発達に即して園児一人一人が乳幼児期にふさわしい生活を展開し、必要な体験を得られるようにするために、具体的に作成するもの」とし、その上で、「園児の実態及び園児を取り巻く状況の変化などに即して指導の過程についての評価を適切に行い、常に指導計画の改善を図るものとする」と明記しています。子どもの実態や状況の変化に即した保育をおこなっていくために、日々保育者自身が保育を振り返り、指導計画を作成、改善していくことが必要とされているのです。ノンコンタクト・タイムが十分に確保されていなければ、指導計画の改善はままならず、その実践も場当たり的な対応になってしまうか、既存の指導計画の枠組みに固執したものになってしまうことでしょう。子どもの実態に即した指導計画を作成、改善していくためには、それらを思考し作業するための時間がどうしても必要であり、つまり、職業としての専門性を維持するためにもノンコンタクト・タイムの存在は非常に重要となってくるのです。乳幼児期の教育・保育が「ただ安全に子どもを預かっていればよい」という理解ではなく、「子どもの発達を支えるための専門的な仕事」であると社会全体に認識してもらいたいところです。

● 認定こども園あかみ幼稚園の工夫

❷で紹介された認定こども園あかみ幼稚園では、「教育課程に係る教育時間」の保育と、「教育時間」の終了後におこなう保育（幼稚園だと預かり保育に該当する時間帯。あかみ幼稚園では「バンビーニ」と呼ぶ）とでは、それぞれの保育を担当する保育者を分けています。そうすることにより、保育者のノンコンタクト・タイムの確保、そして労働時間のアンバランスさを解消しようとしています。一般的に幼稚園で預かり保育を実施する際は、「教育課程に係る教育時間」の保育は常勤の保育者が、預かり保育の時間帯はそれとは別の非常勤の保育者がおこなうことが多いです。このような形で長時間の保育をおこなう場合の課題は、午前中に子どもの様子をみていた保育者が、「午後の保育」時間にはその場にいなくなることであり、保育の継続性という点で難が生じる可能性があります。また幼児理解の上でも、一日を通してその子の生活の様子を見てい

る保育者はいなくなるため、帰り際に保護者へ話をする時、午前の保育の様子が分からないということもあるでしょう。そういった課題を認定こども園あかみ幼稚園では、午前の教育時間に「バンビーニ」担当の常勤保育者が入ることによって、午前の保育と午後の保育の接続という課題を乗り越えようと意識しています。さらに、「教育課程に係る教育時間」を担当する保育者が記録を書く時間を確保するため、午後3時半から午後4時までは記録を書くことのみに集中できる時間としています。園としてノンコンタクト・タイムをおおやけに確保している事例の一つです。認定こども園になるということは単に保育時間が長くなるということだけではなく、時間の上手な使い方など新たな課題が生まれるということでもあります。園全体としてのこういった工夫は、今後欠かせないこととなるでしょう。

●認定向山こども園の取り組み

一方、認定向山こども園では、3歳以上児のクラス（「ゆうぼうの丘」）は「教育課程に係る教育時間」（向山こども園では「おひさまの時間」と呼ぶ）の後に40分程度、同学年の職員が集まっておこなうカンファレンスの時間を毎日確保しています（33頁図4参照）。このカンファレンスには「ゆうやけの時間」（「教育課程に係る教育時間」の終了後におこなう保育時間）の保育に入っている保育者は参加できませんが、「おひさまの時間」に入っている保育者は全員が参加することになるので、同学年の子どもたちの遊びの様子を共有することができます。園庭など保育に使える環境が広く、かつ遊びを中心とした保育をおこなっている向山こども園にとっては欠くことのできない重要な情報交換の場です。一方で「ゆうやけの時間」の保育者のためには、彼らが保育に入る前の段階でカンファレンスをおこなう時間を確保しています（33頁図5参照）。

「おひさまの時間」後におこなうカンファレンスでは、保育者が互いにその日にみられたエピソードを出し合い、1日の保育を振り返り、次の日の環境設定や保育方針を決めていきます。毎日の勤務時間中に担当部署の保育者全員が集まる時間、そして同じ学年の保育者が集まる時間をもつことで保育方針の確認、幼児理解を深める作業がおこなえているのです。日々、こうした取り組みをおこなうことは「保育の質」の維持向上だけでなく、若い保育者の研修としても非常に価値の高いものです。このような保育者の働き方を保障するためには、園が勤務時間中にノンコンタクト・タイムを確保する工夫をしなければならないのです。そうしないと、結局保育者に時間外の仕事を課すことになり、本来職務としておこなうべき仕事を個人の負担に帰属させてしまうことになりかねません。

私立園が認定こども園へ移行するということは、園の機能を本来の幼稚園や保育所よりも多機能にするということであり、そのためにたくさんの補助金がつけられています。ここで確保した資金を、ぜひ「保育の質」向上のためにも使用するよう願いたいものです。保育が長時間化し園の機能が増える分、それらを担当する人員が必要になるわけですが、そちらに人手を割くことで本来の教育・保育がおろそかになってしまうのでは認定こども園化がデメリットになってしまいます。それでは、国が新しい幼保連携型認定こども園制度をつくった目的ともずれてしまうでしょう。幼稚園・保育所それぞれの課題を乗り越えるために幼保連携型認定こども園というシステムをつくったわけですから、本来の教育・保育の質向上をしっかりとおこなってもらいたいものです。そのためには「プロセスの質」を確保するような人員の活用、そして時間の使い方が必要になってきます。新たに配置された人員を、ノンコンタクト・タイムを確保するように用いることができるかどうかが働く人の「条件の質」や「労働環境の質」を変えることになり、それらが「プロセスの質」の向上へとつながることでしょう。

● 公立園に対する期待

今回、このブックレットで取り上げた2園はどちらも私立園でした。私立園の方が園独自の工夫をしやすいという側面があるのかもしれません。一方で公立園が認定こども園に移行した場合、「保育の質」向上のためにどのような工夫がされていくのかも楽しみです。公立園の場合、各園独自ではなく自治体全体としてその仕組みをつくっていかなくてはなりません。大きな自治体としては奈良市の公立幼稚園と公立保育所が幼保連携型認定こども園への移行を進めており、「保育の質」を向上させるために研修制度の統一化や合同での公開保育をおこなっていると聞きました。教育・保育の質向上のために、自治体レベルでどういった改善をおこなっているのか。ノンコンタクト・タイムは確保できているのか。認定こども園での調査にとどまらず、自治体の担当者にも話を聞きながら今後の動向にも注目していきたいです。

⑷大宮勇雄「市場原理と保育の質」『保育の質を高める』ひとなる書房　2006　p.67-102

6 認定こども園における「教育課程に係る教育時間」の捉え方とその課題について

本ブックレットの最終章では、「教育課程に係る教育時間」の捉え方について考えていきます。幼保連携型認定こども園における「教育課程に係る教育時間」とは、1号認定の子どもと2号認定の子どもとが共通のカリキュラムのもとで一緒に過ごす時間のことであり、さらに1号認定の子どもの基本的な保育時間でもあります（共通利用時間やコアタイムと呼ばれる場合もあります）。ここであえて「教育課程に係る教育時間」を取り上げるのは、幼保連携型認定こども園によって「教育課程に係る教育時間」の捉え方やその設定時間に差異があり、その差異が顕著になることで、「保育の質」向上の基盤となる保育者のノンコンタクト・タイムの確保に大きな影響があると考えるからです。

例えば、ある幼保連携型認定こども園では、1号認定の子どもの保育時間を午前9時～午後2時と設定しています。それとともに、1号認定の子どもに対しては7月下旬～8月末日に夏季休業日を設定しています。つまり、このような認定こども園は、長期休業日以外の平日午前9時～午後2時を「教育課程に係る教育時間」と設定していることになります。したがって、1号認定の子どもがこの「教育時間」以外の時間（長期休業日を含む）に保育を必要とした場合は、園の「一時預かり事業」（預かり保育）を利用することになり、その分の利用料を支払うことになります。

別のある幼保連携型認定こども園は、1号認定の子どもの「教育課程に係る教育時間」を7時間と設定し、さらに、2号認定と同様に1号認定の子どもにも長期休業日をほとんど設けていません。つまり、このような認定こども園は、先の認定こども園に比べ、「教育課程に係る教育時間」を1日の時間数においても、また年間の日数においてもとても多く設定していると捉えることができます。このように、幼保連携型認定こども園によって「教育課程に係る教育時間」の設定時間の差異は広がってきていることが考えられます。

では、幼保連携型認定こども園における「教育課程に係る教育時間」は、現制度ではどのように位置づけられているのでしょうか。幼保連携型認定こども園教育・保育要領（２０１７年3月告示）では、第一章総則第2の1に「幼保連携型認定こども園の1日の教育課程に係る教育時間は、4時間を標準とする」と明記されています。その一方で、幼稚園教育要領においては、これまでにも「幼稚園の1日の教育課程に係る教育時間は、4時間を標準とする」と位置づけていいます。しかし、実際にはほとんどの幼稚園が「教育時間」を4時間以上設定しています（文部科学省の「平成22年度幼児教育実態調査」では、幼稚園の「教育時間」の平均は5・5時間）。よって、幼保連携型認定こども園の「教育課程に係る教育時間」においても「4時間」を目途としながら、それに制約されないことが考えられます。

また、教育日数については、先の教育・保育要領において、「幼保連携型認定こども園の満3歳以上の園児の教育課程に係る教育週数は、特別の事情のある場合を除き、39週を下ってはならない」と明記されています。つまり、幼保連携型認定こども園の教育週数（日数）は、制度上は「39週を下ってはならない」といった下限の規定はありますが、上限は規定されていないのです。よって制度上は、幼保連携型認定こども園では1号認定の子どもに夏季休業日や冬季休業日などの長期休業日を設けなくてもよいことになるのです。したがって、幼保連携型認定こども園における「教育課程に係る教育時間」は、先の例のように、各認定こども園の設置者などによってその時間数や日数を定めることが可能であり、それによって「教育課程に係る教育時間」に大幅な差異が生じる可能性があるのです。

ここで大きな課題が生じていることが考えられます。幼保連携型認定こども園において1号認定の預かり保育の利用料を別途必要としない「教育課程に係る教育時間」が4時間を大幅に越えて設定されたり（例えば7時間）、さらに長期休業日がほとんど設定されないことについてです。この場合、より長時間子どもを預かってもらえるといったサービスとしての側面からは、1号認定の保護者から好意的に受けとめられる可能性はあります。その一方で、「保育の質」といった面からは強く懸念されます。「教育課程に係る教育時間」がとても長く設定されることで、勤務時間内に保育者が子どもに対応する時間が長くなるからです。そのことによって、保育者が研修などをおこなうノンコンタクト・タイムを十分に確保できなくなる可能性が高くなるのです。

したがって、幼保連携型認定こども園の「保育の質」向上に、保育者のノンコンタクト・タイムの確保を前提条件とするならば、「教育課程に係る教育時間」の時間数や日数に、適切な上限を設定する必要があると考えます。そのためには、制度上の「教育課程に係る教育時間」、さらに「教育週数」になんらかの見直しが必要と考えます。それとともに、保育者の学びや成長に必要なノンコンタクト・タイムが十分に確保されるよう、それを考慮した「教育課程に係る教育時間」の設定が新時代の保育を牽引する認定こども園それぞれに求められているのです。

●高橋　健介（たかはし　けんすけ）[編集]
東洋大学　ライフデザイン学部生活支援学科子ども支援学専攻・准教授
●請川　滋大（うけがわ　しげひろ）[編集]
日本女子大学　家政学部児童学科・准教授
●相馬　靖明（そうま　やすあき）[編集]
保育のデザイン研究所・研究員

●中田　幸子（なかた　さちこ）
学校法人中山学園　認定こども園あかみ幼稚園・園長
●中山　昌樹（なかやま　まさき）
学校法人中山学園　認定こども園あかみ幼稚園・理事長
●木村　創（きむら　はじめ）
学校法人仙台こひつじ学園　認定向山こども園・副園長

新時代の保育 2
認定こども園における保育形態と保育の質　ななみブックレット№ 5

2017 年 5 月 5 日　第 1 版第 1 刷発行

●編　者　高橋健介／請川滋大／相馬靖明
●発行者　長渡　晃
●発行所　有限会社　ななみ書房
〒 252-0317　神奈川県相模原市南区御園 1-18-57
TEL　042-740-0773
http://773books.jp
●絵・デザイン　磯部錦司・内海　亨
●印刷・製本　協友印刷株式会社

ISBN978-4-903355-60-3
Printed in Japan

定価は表紙に記載してあります／乱丁本・落丁本はお取替えいたします